Ausbildung im Einzelhandel

Prüfungstrainer

Verkäuferinnen/Verkäufer
Einzelhandelskaufleute (Teil 1)

Autoren:

Christian Fritz
Antje Kost
Klaus Otte
Roswitha Pütz
Claudia Simons-Kövér

in Zusammenarbeit
mit der Verlagsredaktion

Cornelsen

Verlagsredaktion: Sabine Schneider
Umschlaggestaltung: Rosendahl Berlin
Layout: sign, Berlin; Christoph Berten, Berlin
Technische Umsetzung: PER Medien + Marketing GmbH, Braunschweig

Bildquellenverzeichnis
S. 9, 88, 112: AVERY ZWECKFORM GmbH, Oberlaindern/Valley;
S. 22, 76, 83: Joachim Gottwald, Berlin (Illustrationen)
S. 31, 80, 101: Fotolia/thostr
S. 33/1: © Copyright Visa 2017/adel & link PR, Frankfurt/Main; **33/2:** relatio PR GmbH, München;
S. 37/1: RAL gemeinnützige GmbH, Sankt Augustin (Ecolabel); **S. 37/2:** Umweltbundesamt, Dessau (Blauer Engel); **S. 100:** Bergmoser + Höller Verlag AG/Zahlenbild 220020; **S. 105:** Picture Alliance/dpa-Infografik/Globus Grafik 10232

www.cornelsen.de

Die Webseiten Dritter, deren Internetadressen in diesem Lehrwerk angegeben sind, wurden vor Drucklegung sorgfältig geprüft. Der Verlag übernimmt keine Gewähr für die Aktualität und den Inhalt dieser Seiten oder solcher, die mit ihnen verlinkt sind.

1. Auflage, 1. Druck 2018

Alle Drucke dieser Auflage sind inhaltlich unverändert und können im Unterricht nebeneinander verwendet werden.

© 2018 Cornelsen Verlag GmbH, Berlin

Das Werk und seine Teile sind urheberrechtlich geschützt. Jede Nutzung in anderen als den gesetzlich zugelassenen Fällen bedarf der vorherigen schriftlichen Einwilligung des Verlages. Hinweis zu §§ 60a, 60b UrhG: Weder das Werk noch seine Teile dürfen ohne eine solche Einwilligung an Schulen oder in Unterrichts- und Lehr-medien (§ 60b Abs. 3 UrhG) vervielfältigt, insbesondere kopiert oder eingescannt, verbreitet oder in ein Netzwerk eingestellt oder sonst öffentlich zugänglich gemacht oder wiedergegeben werden. Dies gilt auch für Intranets von Schulen.

Druck: Media Print Informationstechnologie GmbH, Paderborn

ISBN 978-3-06-451543-7

Inhaltsverzeichnis

Vorbemerkungen zur Prüfung 4

Prüfung 1 8
Prüfungsbereich: Verkauf und Werbemaßnahmen 8
Prüfungsbereich: Warenwirtschaft und Kalkulation 14
Prüfungsbereich: Wirtschafts- und Sozialkunde 25

Prüfung 2 33
Prüfungsbereich: Verkauf und Werbemaßnahmen 33
Prüfungsbereich: Warenwirtschaft und Kalkulation 38
Prüfungsbereich: Wirtschafts- und Sozialkunde 50

Prüfung 3 58
Prüfungsbereich: Verkauf und Werbemaßnahmen 58
Prüfungsbereich: Warenwirtschaft und Kalkulation 65
Prüfungsbereich: Wirtschafts- und Sozialkunde 74

Prüfung 4 82
Prüfungsbereich: Verkauf und Werbemaßnahmen 82
Prüfungsbereich: Warenwirtschaft und Kalkulation 87
Prüfungsbereich: Wirtschafts- und Sozialkunde 98

Vorbemerkungen zum Fachgespräch in der Wahlqualifikation 106
Fachgespräch zur Wahlqualifikation 1: Sicherstellung der Warenpräsenz 108
Fachgespräch zur Wahlqualifikation 2: Beratung von Kunden 109
Fachgespräch zur Wahlqualifikation 3: Kassensystemdaten und Kundenservice ... 110
Fachgespräch zur Wahlqualifikation 4: Werbung und Verkaufsförderung 111

Lösungsvorschläge Prüfung 1 112

Lösungsvorschläge Prüfung 2 118

Lösungsvorschläge Prüfung 3 123

Lösungsvorschläge Prüfung 4 128

Lösungshinweise zu den Fachgesprächen 132

Vorbemerkungen zur Prüfung

1 Aufbau der Abschlussprüfungen

Die **Abschlussprüfung für Verkäuferinnen und Verkäufer** findet am Ende des zweiten Ausbildungsjahres statt. Die Prüfung besteht aus drei schriftlichen Bereichen Verkauf und Werbemaßnahmen, Warenwirtschaft und Kalkulation sowie Wirtschafts- und Sozialkunde sowie dem mündlich zu prüfenden Fachgespräch in der Wahlqualifikation (vgl. dazu die Vorbemerkungen zu den Fachgesprächen auf S. 106).

2009 wurde versuchsweise die **gestreckte Abschlussprüfung für die Kaufleute im Einzelhandel** eingeführt und 2017 endgültig beschlossen Die Abschlussprüfung der Einzelhandelskaufleute wird aufgeteilt: Teil 1 entspricht genau der schriftlichen Abschlussprüfung für Verkäuferinnen/Verkäufer am Ende des zweiten Ausbildungsjahres. Zum Teil 2 am Ende der Ausbildung zum Kaufmann/zur Kauffrau im Einzelhandel zählt die schriftliche Prüfung im Bereich „Geschäftsprozesse im Einzelhandel" sowie das Fachgespräch in der Wahlqualifikation.

In diesem Prüfungstrainer werden Sie auf Teil 1 der Abschlussprüfung vorbereitet. Zur Vorbereitung auf Teil 2 brauchen Sie den Prüfungstrainer für Einzelhandelskaufleute Teil 2 mit der ISBN 978-3-06-451544-4.

Prüfungsbereich: Verkauf und Werbemaßnahmen

In diesem Prüfungsgebiet sollen Sie nachweisen, dass Sie in der Lage sind, Beratungsgespräche und Verkaufsgespräche zu führen. Sie sollen Beschwerden, Reklamationen und Umtausch aus Kulanz unterscheiden und verkaufsrelevante Rechtsvorschriften anwenden. Sie sollen unter Beachtung des Wettbewerbsrechts Werbemaßnahmen planen und dabei Werbeträger/Werbemittel einsetzen sowie eine Werbeerfolgskontrolle durchführen können. Die Aufgaben werden in ungebundener (konventioneller) Form gestellt, d.h., für diese Aufgaben müssen die Antworten frei formuliert werden.

Die Prüfungszeit beträgt 90 Minuten. Insgesamt können 100 Punkte erreicht werden.

Prüfungsbereich: Warenwirtschaft und Kalkulation

Sie sollen den Eingang und die Lagerung von Waren kontrollieren und erfassen können. Sie nutzen die Daten der Warenwirtschaft, um den Warenfluss zu steuern und zu kontrollieren und können verkaufsbezogene Rechenvorgänge durchführen. Die gestellten Aufgaben sind maschinell auswertbar und werden alle mit der gleichen Punktzahl bewertet. Es werden Auswahlantworten zum Ankreuzen vorgegeben oder es müssen Zahlen in ein Lösungsblatt eingetragen werden, z.B. Rechenergebnisse.

Die Prüfungszeit beträgt 60 Minuten. Insgesamt können 100 Punkte erreicht werden.

Prüfungsbereich: Wirtschafts- und Sozialkunde

Sie sollen zeigen, dass sie in der Lage sind, allgemeine wirtschaftliche und gesellschaftliche Zusammenhänge der Berufs- und Arbeitswelt darzustellen und diese zu beurteilen. Sie kennen die Grundlagen des Wirtschaftens, die Bedeutung des Marktes und die rechtlichen Rahmenbedingungen des Wirtschaftens.

Bewertungsschlüssel

Die Prüfungszeit beträgt 60 Minuten. Insgesamt können 100 Punkte erreicht werden.

Die Prüfungsleistungen werden mit folgendem Punkteschlüssel der IHK bewertet:

100–92 Punkte	sehr gut
91–81 Punkte	gut
80–67 Punkte	befriedigend
66–50 Punkte	ausreichend
49–31 Punkte	mangelhaft
30– 0 Punkte	ungenügend

1.1 Abschlussprüfung für Verkäuferinnen/Verkäufer

Prüfungsbereich	Aufgabenart	Zeit in Minuten	Gewichtung für das Gesamtergebnis	
Verkauf und Werbemaßnahmen	ungebunden	90	25 %	schriftlicher Prüfungsbereich zusammen 50 %
Warenwirtschaft und Kalkulation	gebunden	60	15 %	
Wirtschafts- und Sozialkunde	gebunden	60	10 %	
Fachgespräch in der Wahlqualifikation	fallbezogenes Fachgespräch	maximal 20 (zzgl. 15 Minuten Vorbereitungszeit)	50 %	mündlicher Prüfungsbereich 50 %

Mindestleistungen zum Bestehen der Abschlussprüfung		
Verkauf und Werbemaßnahmen	mindestens zwei schriftliche Prüfungsbereiche mit ausreichenden Leistungen, kein Prüfungsbereich „ungenügend"	im Gesamtergebnis mindestens ausreichende Leistungen
Warenwirtschaft und Kalkulation		
Wirtschafts- und Sozialkunde		
Fachgespräch in der Wahlqualifikation	mindestens ausreichende Leistung	

Wird einer der schriftlichen Prüfungsbereiche schlechter als „ausreichend" bewertet, können Sie in diesem Bereich eine mündliche Zusatzprüfung von ca. 15 Minuten ablegen, um noch eine ausreichende Note zu erlangen und damit die Prüfung zu bestehen. Dabei hat das Ergebnis der schriftlichen Prüfung doppelt so viel Gewicht wie die mündliche Zusatzprüfung.

1.2 Abschlussprüfung für Einzelhandelskaufleute

Prüfungsbereich		Aufgabenart	Zeit in Minuten	Gewichtung für das Gesamtergebnis	
Teil 1	Verkauf und Werbemaßnahmen	ungebunden	90	15 %	schriftlicher Prüfungsbereich zusammen 60 %
	Warenwirtschaft und Kalkulation	gebunden	60	10 %	
	Wirtschafts- und Sozialkunde	gebunden	60	10 %	
Teil 2	Geschäftsprozesse im Einzelhandel	ungebunden	120	25 %	
	Fachgespräch in der Wahlqualifikation	fallbezogenes Fachgespräch	maximal 20 (zzgl. 15 Minuten Vorbereitungszeit)	40 %	mündlicher Prüfungsbereich 40 %

Vorbemerkungen

Mindestleistungen zum Bestehen der Abschlussprüfung		
Verkauf und Werbemaßnahmen	(keine besonderen Anforderungen)	im Gesamtergebnis mindestens ausreichende Leistungen
Warenwirtschaft und Kalkulation		
Wirtschafts- und Sozialkunde		
Geschäftsprozesse im Einzelhandel	mindestens ausreichende Leistung	
Fachgespräch in der Wahlqualifikation	mindestens ausreichende Leistung	

Wird der Prüfungsbereich „Geschäftsprozesse im Einzelhandel" schlechter als „ausreichend" bewertet, können Sie in diesem Bereich eine mündliche Zusatzprüfung von ca. 15 Minuten ablegen, um noch eine ausreichende Note zu erlangen und damit die Prüfung zu bestehen. Dabei hat das Ergebnis der schriftlichen Prüfung doppelt so viel Gewicht wie die mündliche Zusatzprüfung.

2 Aufbau des Prüfungstrainers

2.1 Schriftliche Prüfungsbereiche

In diesem Prüfungstrainer sind vier komplette Prüfungssätze mit Lösungen für die Abschlussprüfung der Verkäuferinnen/Verkäufer und damit auch für die Abschlussprüfung Teil 1 der Einzelhandelskaufleute abgebildet.

Die Prüfungen orientieren sich am Stoffkatalog und der Verteilung der Themenschwerpunkte der Kammerprüfung. Das heißt, es werden nur Aufgaben gestellt, die inhaltlich so auch in der Abschlussprüfung bei der IHK vorkommen können. Auch die Darstellung der Prüfungsaufgaben entspricht im Wesentlichen der Kammerprüfung. Für jede Aufgabe sind die zu erreichenden Punkte angegeben. Im ersten Prüfungsteil „Verkauf und Werbemaßnahmen" können Sie an der Höhe der zu vergebenden Punktzahl erkennen, wie umfangreich die Beantwortung der Fragen sein sollte. In den Prüfungsbereichen „Warenwirtschaft und Kalkulation" und „Wirtschafts- und Sozialkunde" wird die richtige Beantwortung der Aufgaben jeweils mit vier Punkten bewertet.

2.2 Fachgespräch in der Wahlqualifikation für Verkäuferinnen/Verkäufer

Zusätzlich zu den vier schriftlichen Prüfungssätzen finden Verkäuferinnen/Verkäufer zur Vorbereitung auf die mündliche Prüfung vier Fachgespräche, die den vier Wahlqualifikationen entsprechen (vgl. dazu die Vorbemerkungen zu den Fachgesprächen auf S. 106). Für die vier Wahlqualifikationen gibt es je ein Beispiel, das aber auch nur als solches verstanden werden sollte. Auch die Vielfalt der Warenbereiche kann hier nicht hinreichend wiedergegeben werden.

Da das Fachgespräch ca. sechs bis acht Wochen nach der schriftlichen Prüfung stattfindet, bleibt genügend Zeit, diesen Prüfungsbereich vorzubereiten. Das kann umso lohnender sein, als dieser Prüfungsbereich 50 Prozent der Gesamtnote ausmacht.

2.3 Arbeiten mit dem Prüfungstraining

Den größtmöglichen Nutzen im Hinblick auf das erfolgreiche Bestehen der Abschlussprüfung bringt Ihnen das Prüfungstraining dann, wenn Sie die Prüfungen mehrmals durchgehen. Daher empfiehlt es sich zunächst, nicht in das Prüfungstraining hineinzuschreiben, sondern die Beantwortung der Fragen auf einem Blatt Papier vorzunehmen. Erst unmittelbar vor der Prüfung sollten Sie die Eintragungsmöglichkeiten in diesem Buch nutzen und Ihre Antworten direkt in die dafür vorgesehenen Felder eintragen. Bei den gebundenen Aufgaben kreuzen Sie die richtige(n) Lösung(en) an. Beachten Sie dabei die Zeitvorgaben für das jeweilige Prüfungsfach. Sie erhalten somit die Möglichkeit einer Generalprobe, die der tatsächlichen Abschlussprüfung sehr nahe kommt. Sollten Sie bei der Erstbearbeitung und den anschließenden Wiederholungen der Prüfung Aufgaben nicht lösen können, so schlagen Sie dieses dort angesprochene Thema in Ihrem Lehrbuch „Ausbildung im Einzelhandel" nach.

3 Praktische Prüfungstipps

3.1 Der Tag vor der Prüfung

Kein Lernen in letzter Minute! Verbringen Sie einen entspannten Tag.

Legen Sie folgende Unterlagen für die Prüfung bereit:
- Einladung zur Prüfung
- Personalausweis oder Reisepass
- Kugelschreiber, Ersatzstift, Textmarker, Lineal, Bleistift, Radiergummi, Anspitzer
- nur für die schriftlichen Prüfungen: nicht programmierter, netzunabhängiger Taschenrechner ohne Kommunikationsmöglichkeit mit Dritten
- nur für die mündlichen Prüfungen: Ausbildungsnachweise (Berichtshefte)
- Getränk (besser ohne Kohlensäure), Pausenverpflegung

3.2 Am Prüfungstag

Fahren Sie rechtzeitig von zu Hause los.

Da Sie nicht die/der einzige Prüfungsteilnehmer/in sind, ist ein rechtzeitiges Erscheinen notwendig. Fahren Sie rechtzeitig los. Bedenken Sie, dass die Straßenbahn, der Bus oder die S- und U-Bahn ausfallen oder sich verspäten können. Sollten Sie mit dem eigenen Fahrzeug fahren, planen Sie vorsichtshalber einen Stau ein. Erscheinen Sie mindestens 20 Minuten vor Prüfungsbeginn.

Stellen Sie Ihr Smartphone aus und stecken Sie es in die Tasche.

Wenn Ihr Mobiltelefon während der Prüfung klingelt und Sie das Gespräch aus Gewohnheit annehmen, kann dies als Betrugsversuch gewertet werden. Sogar allein das Klingeln selbst, auch ohne dass Sie abnehmen, kann schon als Betrugsversuch gewertet werden!

Halten Sie Ihre Einladung und Ihren Ausweis bereit. In der Regel bekommen Sie einen Sitzplatz zugewiesen. Begeben Sie sich umgehend auf Ihren Platz und bereiten Sie Ihren Arbeitsplatz vor. Nach Eröffnung der Prüfung durch den Prüfungsleiter können Sie Ihren Prüfungsumschlag öffnen.

Vergessen Sie nicht, die Kopf- oder Fußzeile auszufüllen, damit Ihre Prüfungsleistung auch Ihnen zugeordnet werden kann.

Bearbeitungshinweise finden Sie auch auf dem Deckblatt der Prüfung.

nicht lesbare Antwort = 0 Punkte

Achten Sie deshalb bei Ihren Lösungen zu den konventionellen Aufgaben **auf eine saubere und gut lesbare Handschrift**.

Wichtig in der Prüfung ist Ihr Zeitmanagement.

Es gibt einfache, schwierigere und schwere Aufgaben. Wenn Sie mit einer Teilaufgabe nicht auf Anhieb klarkommen, überspringen Sie diese und arbeiten die Prüfung erst einmal vollständig durch. Damit haben Sie i. d. R. genügend Punkte für das Bestehen gesichert und können in der verbleibenden Zeit mit mehr Ruhe die schwierigeren Aufgaben lösen.

Je entspannter und ruhiger Sie die Prüfung angehen, umso besser können Sie in der Prüfungssituation auf Ihr gelerntes Wissen, Ihre Intelligenz und Ihren gesunden Menschenverstand zugreifen.

Nehmen Sie Rücksicht auf andere Prüfungsteilnehmer. Auch sie wollen in Ruhe arbeiten.

Wir wünschen Ihnen viel Erfolg!

Prüfung 1
Prüfungsbereich: Verkauf und Werbemaßnahmen

Aufgabe 1 (8 Punkte)

Das Internet bietet für die Beska GmbH zahlreiche Möglichkeiten, ihren Einkauf noch wirtschaftlicher zu gestalten. Erläutern Sie anhand von drei Beispielen, wie die Beska GmbH das Internet für ihren Einkauf nutzen kann.

Aufgabe 2 (24 Punkte)

Sie arbeiten in der Beska GmbH. Die Beska GmbH bietet ihren Kunden die Ware in unterschiedlichen Verkaufsformen an, um z. B. die unterschiedlichen Kundentypen ansprechen zu können.

a Stellen Sie die Verkaufsformen Vorwahl und Selbstbedienung gegenüber. **(10 Punkte)** b Nennen und erläutern Sie eine weitere Verkaufsform Ihrer Wahl. **(6 Punkte)**

c In welchen Betriebsformen finden Sie hauptsächlich die Verkaufsform Selbstbedienung? Nennen Sie zwei dieser Betriebsformen. **(4 Punkte)**

Aufgabe 3 (12 Punkte)
Obwohl die Beska GmbH die Möglichkeit der Kartenzahlung anbietet, entscheidet sich der Kunde Martin Meyer für Barzahlung. Er kauft einen Taschenrechner für 19,95 €.

Herr Meyer wünscht eine Quittung (heutiges Datum). Füllen Sie das Quittungsformular mit allen notwendigen Angaben aus.

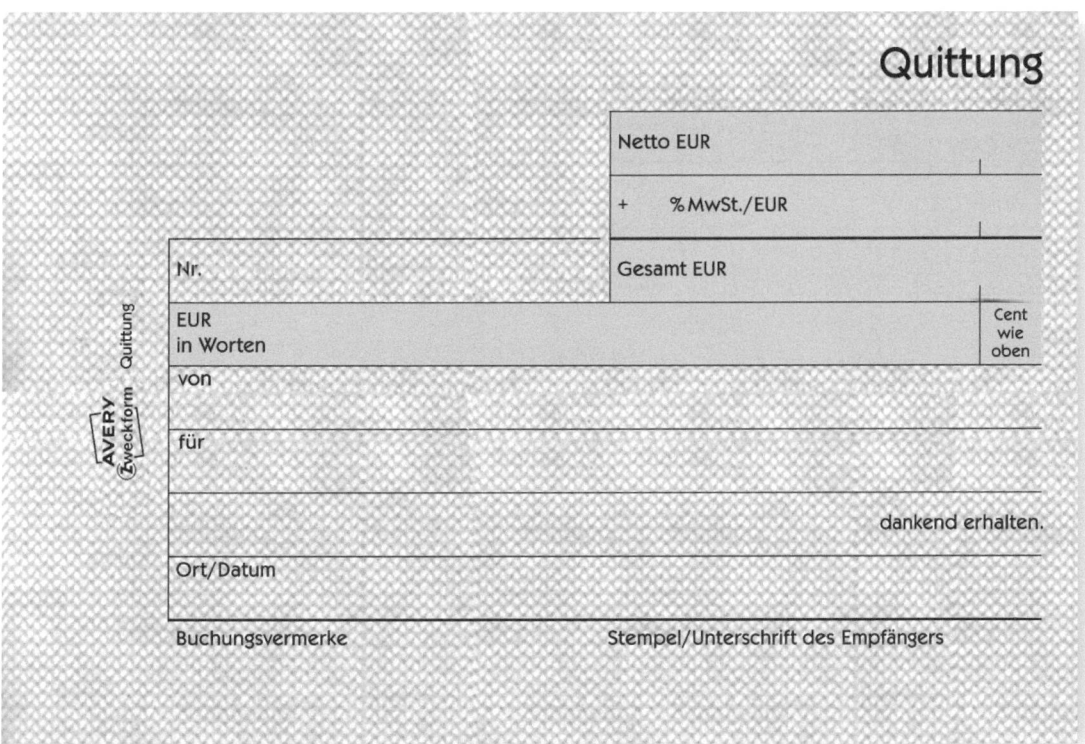

Prüfungsbereich: Verkauf und Werbemaßnahmen

Aufgabe 4 (20 Punkte)
Die Beska GmbH plant die Neugestaltung ihres Verkaufsraumes.

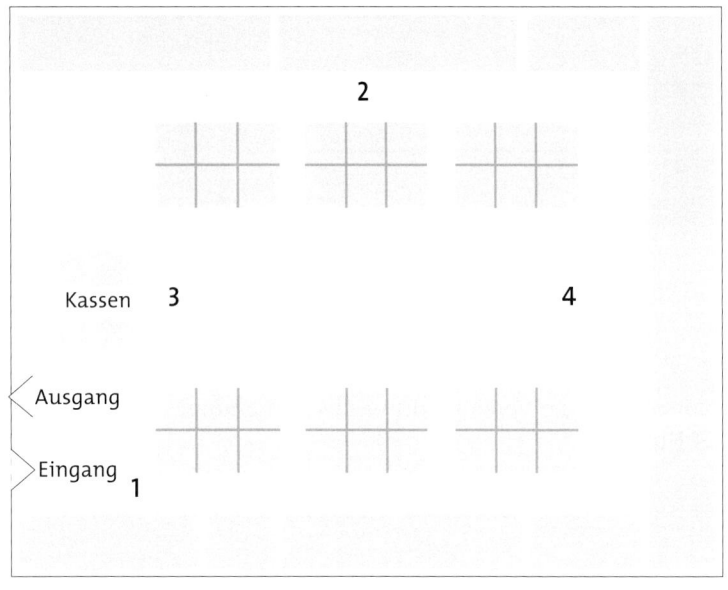

a Entscheiden Sie, ob es sich bei den mit **1–4** bezeichneten Zonen um verkaufsschwache oder verkaufsstarke Zonen handelt. Begründen Sie anschließend, warum es sich hierbei um verkaufsschwache bzw. verkaufsstarke Zonen handelt. (**10 Punkte**)

b Beschreiben Sie eine „natürliche" Verhaltensweise des Kunden im Verkaufsraum, die bei der Verkaufsraumgestaltung unbedingt berücksichtigt werden muss. (**2 Punkte**)

c Finden Sie Beispiele für folgende Artikelarten aus Ihrem Ausbildungssortiment und ordnen Sie diese Artikel einer Verkaufszone zu. Begründen Sie anschließend Ihre Entscheidung. **(8 Punkte)**
   - Suchartikel
   - Aktionsartikel
   - Impulsartikel

Aufgabe 5 (16 Punkte)
Viele Einzelhändler nutzen „Visual Merchandising".

a Erläutern Sie dieses Prinzip. **(10 Punkte)**

Prüfungsbereich: Verkauf und Werbemaßnahmen

b Unterbreiten Sie zwei konkrete Vorschläge für die Beska GmbH, um Visual Merchandising umzusetzen. **(6 Punkte)**

Aufgabe 6 (20 Punkte)
Das Verkaufspersonal der Beska GmbH ist von der Geschäftsleitung im Rahmen einer Schulung dazu angehalten worden, stets Ergänzungsangebote in die jeweiligen Verkaufsgespräche einfließen zu lassen.

a Erläutern Sie Sinn und Zweck von Ergänzungsangeboten. **(6 Punkte)**

b Unterscheiden Sie zwischen notwendigen und sinnvollen Ergänzungsangeboten und bringen Sie für jedes Ergänzungsangebot ein Beispiel. **(4 Punkte)**

c Zu welchem Zeitpunkt bieten Sie Ergänzungsangebote im Verkaufsgespräch an? Begründen Sie Ihre Entscheidung. **(6 Punkte)**

d Formulieren Sie in wörtlicher Rede für einen Artikel Ihrer Wahl ein Ergänzungsangebot im Rahmen eines Verkaufsgesprächs. **(4 Punkte)**

Prüfungsbereich: Verkauf und Werbemaßnahmen

Prüfungsbereich: Warenwirtschaft und Kalkulation

Situation zu den Aufgaben 1–4
Sie sind zurzeit in der Verwaltung der Beska GmbH eingesetzt. Ihr wichtigstes Arbeitsmittel zur Erfassung, Speicherung und Auswertung einer Vielzahl von Daten ist der PC mit entsprechender Software.

Aufgabe 1 (4 Punkte)
Modern geführte Einzelhandelsunternehmen wie die Beska GmbH sind heute ohne den Einsatz eines Warenwirtschaftssystems kaum vorstellbar. Entscheiden Sie, mit welcher Aussage die Funktion eines Warenwirtschaftssystems (WWS) richtig beschrieben ist.

a Ein WWS kann lediglich für kostengünstige Bestellungen genutzt werden. ☐

b Durch ein WWS können nur die Abverkäufe kontrolliert werden. ☐

c Mit einem WWS steht eine Vielzahl von Daten für den Einkauf, den Verkauf und die Erstellung zahlreicher Statistiken zur Verfügung. ☐

d Das WWS stellt lediglich für sehr große Einzelhandelsunternehmen eine Erleichterung für betriebswirtschaftliche Entscheidungen dar. ☐

e Ein WWS ist nur für die Lagerverwaltung sinnvoll einsetzbar. ☐

Aufgabe 2 (4 Punkte)
Für eine Filiale der Beska GmbH soll ein neues EDV-gestütztes Warenwirtschaftssystem eingeführt werden. Entscheiden Sie, welche der folgenden Voraussetzungen dazu erforderlich sind.

a Zunächst müssen alle Artikel mit den richtigen Preisen von Hand ausgezeichnet werden. ☐

b Es muss mehr Personal eingestellt werden, da die Umstellung auf ein Warenwirtschaftssystem zu deutlicher Mehrarbeit führt. ☐

c Jeder Artikel erhält eine eigene Artikelnummer. ☐

d Das Personal und die Kunden werden mit Hilfe eines Fragebogens befragt, welche Ansprüche sie an ein Warenwirtschaftssystem stellen, um dieses dann entsprechend einzurichten. ☐

e Vor der Inbetriebnahme des Warenwirtschaftssystems müssen bauliche Veränderungen durchgeführt werden. ☐

Aufgabe 3 (4 Punkte)
Neben dem PC stellt auch ein Flachbettscanner eine wertvolle Hilfe für Ihre Tätigkeiten in der Verwaltung dar. Beschreiben Sie, wie ein Flachbettscanner Sie bei Ihrer Arbeit in der Verwaltung unterstützen kann.

a Mit Hilfe eines Scanners können Verkaufsstatistiken leichter ausgewertet werden. ☐

b Der Scanner ermöglicht es, unterschiedliche Belege direkt als Daten im PC zu erfassen, ohne dass diese per Hand eingegeben werden müssen. ☐

c Der Scanner ist eine Software, die Umsatzstatistiken selbstständig auswertet. ☐

d Durch einen Scanner reduziert sich die Zeit für den Druck von Belegen um ein Vielfaches. ☐

e Nur mit Hilfe eines Scanners können Bestellungen direkt online durchgeführt werden. ☐

Aufgabe 4 (4 Punkte)
Sie erhalten in der Verwaltung auch Daten auf dem Wege der mobilen Datenerfassung (MDE). Erklären Sie mit Hilfe der folgenden Aussagen, was unter der mobilen Datenerfassung zu verstehen ist.

a Die mit der MDE gespeicherten Daten müssen zur Weiterverarbeitung zunächst ausgedruckt und neu in den Zentralrechner eingegeben werden. ☐

b Die MDE dient allein zur Ermittlung und Auswertung der Lagerkennziffern. ☐

c Die MDE dient zur langfristigen Speicherung wichtiger Unternehmensdaten. ☐

d Die MDE erleichtert die Datenerfassung der nachzubestellenden Artikel und die Datenübertragung an die Zentrale. ☐

e Die MDE ermöglicht der Beska GmbH ohne zusätzliche Angaben den vollständigen Einkauf ihrer Waren. ☐

Aufgabe 5 (4 Punkte)
Die Beska GmbH führt wie jedes Einzelhandelsunternehmen jährlich eine Inventur durch. Welche zwei der folgenden Arbeiten fallen während der Durchführung einer Inventur an?

a Vorbereitung der Ware zum einfachen Zählen ☐

b Kontrolle der ausgefüllten Inventurlisten ☐

c Feststellen des Kassenbestandes und der Kontostände ☐

d Aufstellung eines Personaleinsatzplanes ☐

e Zählen, Messen, Wiegen oder Schätzen der Warenbestände ☐

Aufgabe 6 (4 Punkte)
Ergänzen Sie die Sätze mit den entsprechenden Begriffen.

1 langfristige
2 Inventur
3 Zeitpunkt
4 Vermögen
5 Eigenkapital
6 Inventar
7 Anlagevermögen
8 Errechnung des Reinvermögens
9 kurzfristige
10 Schulden
11 Art, Menge und Wert
12 Umlaufvermögen

a Die erforderliche Tätigkeit zur Feststellung des Vermögens und der Schulden heißt ____. ☐

b Alle Vermögensteile und alle Schulden sind hinsichtlich ____ vollständig aufzuführen. ☐

c Um dieser gesetzlichen Verpflichtung nachzukommen, müssen die verschiedensten Dinge zu einem bestimmten ____ gezählt, gewogen oder vermessen und bewertet werden. ☐

d Die Ergebnisse der Inventur werden in einem Bestandsverzeichnis, dem ____, festgehalten. ☐

e Das Inventar ist in drei Teile aufgeteilt, A. ____, B. ____ und C. ____. ☐

f Das Vermögen wird in zwei Teile gegliedert, das ____ und das ____ ☐

g Die Schulden werden in ____ und ____ Schulden aufgeteilt. ☐

h Die Differenz aus Vermögen und Schulden wird als ____ bezeichnet.

Prüfungsbereich: Warenwirtschaft und Kalkulation

Aufgabe 7 (4 Punkte)
Für die Bestandskontrolle ist bei der Beska GmbH auch der Meldebestand von großer Bedeutung. Welche der folgenden Aussagen über den Meldebestand ist zutreffend?

a Wird bei gleicher Lieferzeit und gleichem Tagesabsatz der Mindestbestand erhöht, so ändert sich der Meldebestand nicht. ☐

b Wird bei gleicher Lieferzeit und gleichem Tagesabsatz der Mindestbestand vermindert, so muss der Meldebestand erhöht werden. ☐

c Bei steigendem Tagesabsatz, unveränderter Lieferzeit und unverändertem Mindestbestand muss der Meldebestand erhöht werden. ☐

d Bei gleichem Tagesabsatz, kürzerer Lieferzeit und unverändertem Mindestbestand muss der Meldebestand erhöht werden. ☐

Aufgabe 8 (4 Punkte)
Der Warenbestand der Beska GmbH verändert sich durch die Vielzahl der abgeschlossenen Geschäfte ständig. Durch welche der unten stehenden Vorgänge kommt es beim Warenbestand zu einer

1 Erhöhung,
2 Verminderung oder
3 zu keiner Veränderung?

a Wir verkaufen Ware bar an einen Kunden. ☐

b Unsere Verkaufsregale werden mit Ware aus dem Lager aufgefüllt. ☐

c Ein Kunde bringt Ware zurück und wir erstatten ihm den Kaufpreis bar. ☐

d Mangelhafte Ware wird an unseren Lieferanten zurückgeschickt. ☐

e Wir entnehmen Ware aus dem Lager zur Schaufensterdekoration. ☐

f Neu eingetroffene Ware unseres Lieferanten wird im Lager angenommen. ☐

Aufgabe 9 (4 Punkte)
Der durchschnittliche Tagesabsatz eines Artikels der Beska GmbH beträgt 26 Stück, die Lieferzeit 12 Verkaufstage, der eiserne Bestand umfasst den dreifachen Tagesabsatz.

Ermitteln Sie den

a Bedarf in der Lieferzeit. ☐☐☐ Stück

b Meldebestand. ☐☐☐ Stück

Nebenrechnungen:

Aufgabe 10 (4 Punkte)

Ein Spediteur liefert der Beska GmbH an Stelle der bestellten neun Paletten einer bestimmten Ware lediglich fünf Paletten.

Entscheiden Sie, wie Sie sich als Mitarbeiter der Beska GmbH nach den gesetzlichen Bestimmungen richtig verhalten.

a Sie nehmen die Sendung an und lassen sich die fehlenden Paletten vom Fahrer bestätigen. ☐

b Sie nehmen die Sendung nicht an, sondern beschweren sich unverzüglich beim Lieferanten. ☐

c Sie nehmen die Sendung an und reklamieren später per Fax die fehlenden Paletten beim Spediteur. ☐

d Sie verweigern die Annahme der kompletten Sendung. ☐

e Sie bitten den Spediteur um Nachlieferung der fehlenden Paletten. ☐

Aufgabe 11 (4 Punkte)

Die Beachtung bestimmter Regeln bei der Lagerung von Waren hilft der Beska GmbH, ihr Lager immer in einem ausgezeichneten Zustand zu halten.

Stellen Sie fest, welche der hier aufgeführten Regel richtig beschrieben ist.

a Leichte Ware wird im Lager immer ganz unten im Regal gelagert. ☐

b Neu eingetroffene Ware wird sofort in den Verkaufsraum und in die entsprechenden Regale platziert. ☐

c Diebstahlgefährdete Ware wird ganz hinten im Lager aufbewahrt. ☐

d Neu eingetroffene Ware wird vor die noch vorhandene Ware eingeräumt. ☐

e Leicht verderbliche Waren müssen entsprechend den besonderen Lagerungsvorschriften, z. B. bei ausreichender Kühlung, gelagert werden. ☐

Aufgabe 12 (4 Punkte)

Sie erhalten von der Geschäftsleitung der Beska GmbH die Aufgabe, eine Checkliste für die Tätigkeiten bei der Anlieferung von Waren zu erstellen.

Entscheiden Sie, welche drei der aufgeführten Tätigkeiten bei der Anlieferung von Waren in Anwesenheit des Überbringers durchzuführen sind.

a Beschaffenheit und Güte der Waren eingehend prüfen ☐

b Rechnung prüfen ☐

c Inhalt der gelieferten Versandstücke auspacken und auf Vollständigkeit prüfen ☐

d äußere Verpackung auf Schäden prüfen ☐

e Rechnung mit Lieferschein vergleichen ☐

f Versandanschrift prüfen ☐

g Anzahl der Versandstücke prüfen ☐

Prüfungsbereich: Warenwirtschaft und Kalkulation

Aufgabe 13 (4 Punkte)
Sie sind zurzeit bei der Beska GmbH für den Wareneingang zuständig. Erarbeiten Sie die richtige Reihenfolge der Tätigkeiten beim Wareneingang.

a Die Ware wird auf offene Mängel überprüft. ☐

b Der Empfang der Pakete wird beim Spediteur quittiert. ☐

c Die Adresse des Empfängers wird geprüft. ☐

d Einwandfreie Ware wird in das Lager gebracht. ☐

e Die Versandverpackung wird auf äußerlich erkennbare Mängel bei Anwesenheit des Spediteurs überprüft. ☐

f Die Ware wird ausgepackt. ☐

Aufgabe 14 (4 Punkte)
Durch welche der folgenden Fälle wird der Bargeldbestand in der Kasse der Beska GmbH

1 nicht verändert?
2 vermindert?
3 vergrößert?

a Eine Kundin zahlt passend mit Euronoten und Centmünzen. ☐

b Eine Kundin zahlt mit ihrer Kreditkarte. ☐

c Eine Kundin bekommt nach einer Reklamation eine Barauszahlung. ☐

d Eine Kundin löst einen Geschenkgutschein ein. ☐

Aufgabe 15 (4 Punkte)
Welche der nachstehenden Datenerfassungsgeräte sind für die typischen Eingabevorgänge im Einzelhandel zweckmäßig?

1 Tastatur
2 Scanner
3 Magnetstreifenleser

a Erfassung einer Preissenkung ☐

b PIN-Eingabe ☐

c Erfassung einer girocard ☐

d Erfassung einer GTIN ☐

Aufgabe 16 (4 Punkte)
Wozu dient ein Kassensturz?
Ein Kassensturz dient der Erhebung

a des Sollbestands der Feststellung. ☐

b des Wechselgeldbedarfs für den Nachmittag. ☐

c der bisherigen Tageslosung. ☐

d des Kassenbestands vor der Ladenöffnung. ☐

e eventueller Kassendifferenzen. ☐

Situation zu den Aufgaben 17–24
Sie sind Mitarbeiter der Beska GmbH und arbeiten zurzeit in der Verwaltung. Die folgenden Rechenvorgänge aus der Praxis zur Vor- und Nachbereitung geschäftlicher Prozesse sollen Sie bearbeiten.

Aufgabe 17 (4 Punkte)
Die Beska GmbH erhält von ihrer Bank den unten stehenden Kontoauszug. Da der Kontoauszugsdrucker leider fehlerhaft druckte, fehlt auf dem Auszug u. a. der neue Kontostand.

Wie viel Euro beträgt der Kontostand am 5. 3. XX?   ☐☐.☐☐☐,☐☐ €

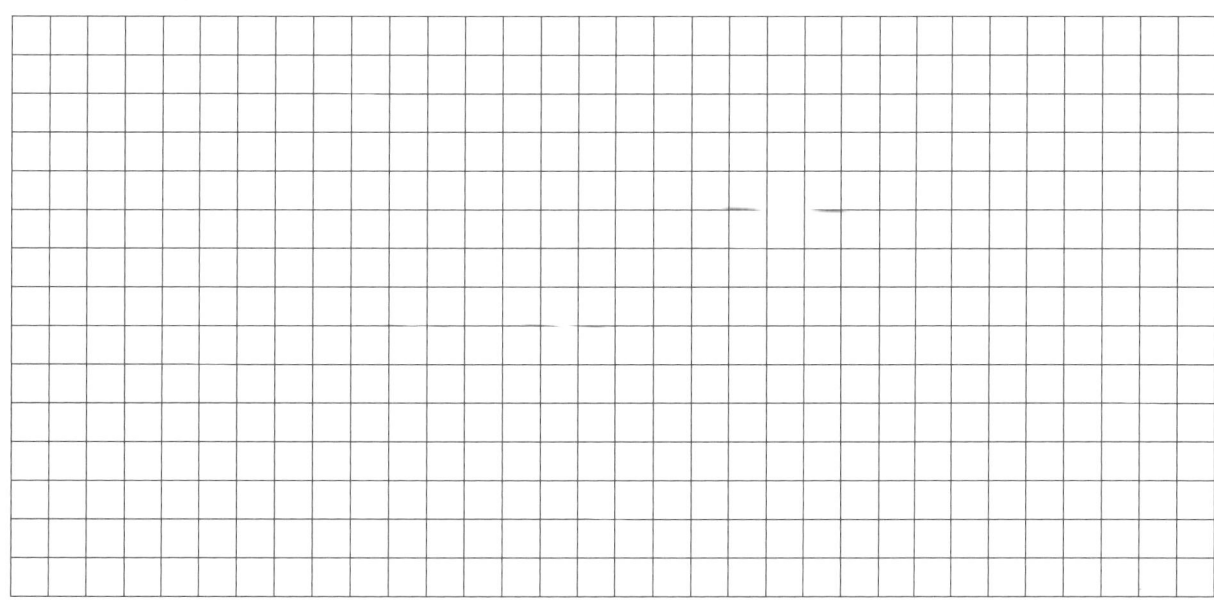

Deutsche Bank — Kontoauszug — EUR-Konto

Kontonummer: 178 604 423
erstellt am: 05.03.XX
Auszug: 14
Blatt: 1

Vorgang	Buchung	Betrag
Lastschrift (Einzug) ENERGIE- UND WASSERVERSORGUNG	05.02.XX	415,67 −
Überweisung an Feinpapier AG vom 28.02. für ER 5325	05.02.XX	6.023,59 −
Bareinzahlung Tageslosung vom 04.03.	05.02.XX	11.096,36 +
Überweisung der Umsatzsteuer (Finanzamt) für Februar	05.02.XX	13.568,50 −
Lastschrift (Dauerauftrag) Versicherung – Kfz, HUK	05.02.XX	689,00 −
Überweisung (Gutschrift) von VISA-Card	05.02.XX	4.568,72 +

Berliner Superkauf GmbH
Tauentzienstr. 60
10789 Berlin

alter Saldo: 26.155,28 Haben
neuer Saldo:

BIC DEUTDEBBXXX   IBAN DE04 1007 0000 0178 6044 23

Nebenrechnungen:

Aufgabe 18 (4 Punkte)
Die Beska GmbH führt eine Verköstigung in der Lebensmittelabteilung durch. Es wird Joghurt zum Probieren angeboten. Die Kostproben reichen für 560 Kunden, wenn eine Portion 40 ml beträgt.

Wie viele Kunden mehr können den Joghurt probieren, wenn die Kostprobe nur 30 ml beträgt?

☐☐☐ Kunden

Nebenrechnungen:

Aufgabe 19 (4 Punkte)
Eine Verkäuferin erhält bei einem Umsatz von 5.000,00 € eine Provision in Höhe von 150,00 €. Wie viel Umsatz muss sie erzielen, wenn sie eine Provision in Höhe von 240,00 € verdienen möchte?

☐.☐☐☐,☐☐ €

Nebenrechnungen:

Aufgabe 20 (4 Punkte)
Die Beska GmbH bestellt zwei Artikel bei einem Lieferanten, die zusammen angeliefert werden. 130 Stück von Artikel A zu 18,00 € das Stück und 190 Stück von Artikel B zu je 25,00 € das Stück. Es fallen Bezugskosten in Höhe von 175,00 € an, die nach der Stückzahl zu verteilen sind.

a Wie viel Euro beträgt der gesamte Listeneinkaufspreis für Artikel A?   ☐.☐☐☐,☐☐ €

b Wie viel Euro betragen die anteiligen Bezugskosten für Artikel B?   ☐☐☐,☐☐ €

c Wie viel Euro beträgt der Bezugspreis pro Stück für Artikel B?   ☐☐,☐☐ €

Nebenrechnungen:

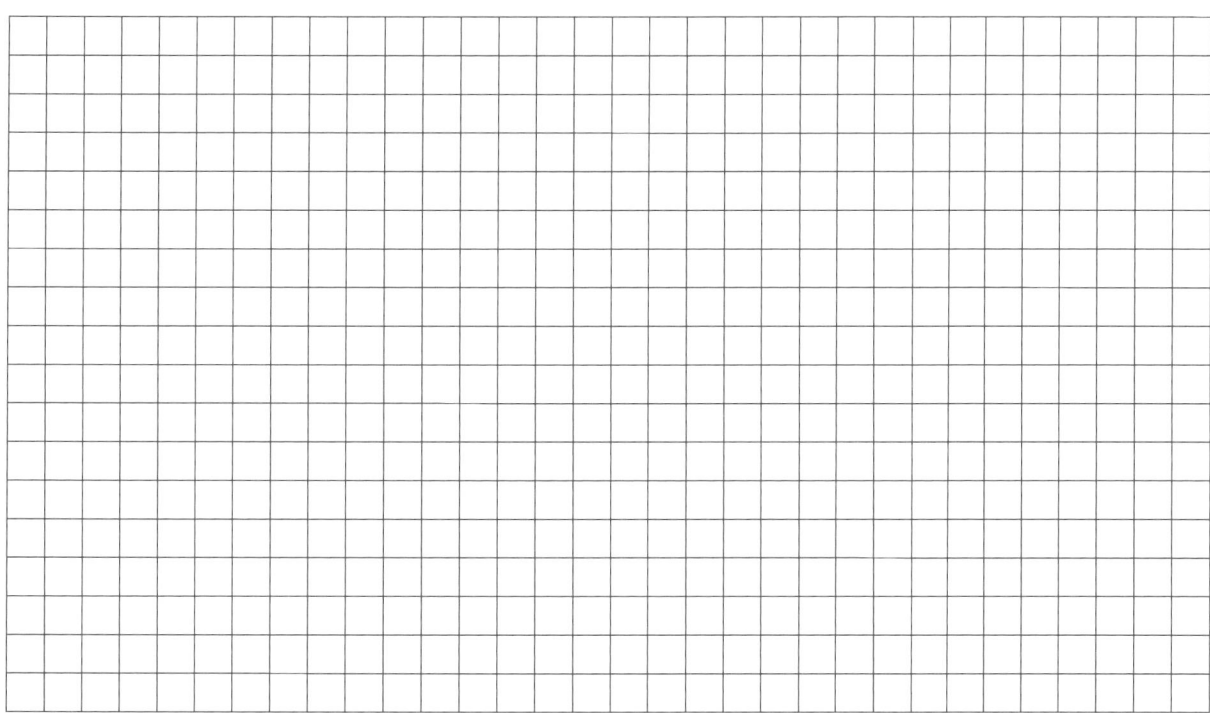

Aufgabe 21 (4 Punkte)
Die Beska GmbH senkt den Preis eines Artikels um 15 %. Dadurch spart der Kunde 35,60 €.

a Wie viel Euro betrug der alte Preis? ☐☐☐,☐☐ €

b Wie viel Euro beträgt der neue Preis? ☐☐☐,☐☐ €

Nebenrechnungen:

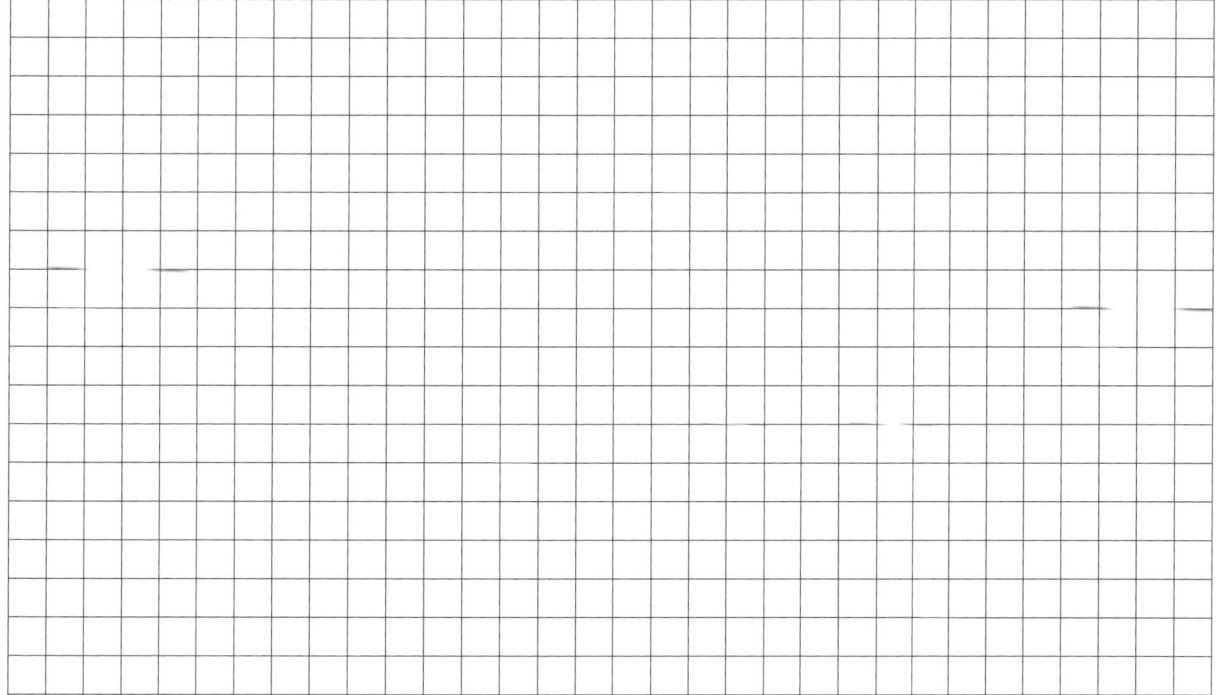

Prüfungsbereich: Warenwirtschaft und Kalkulation

Aufgabe 22 (4 Punkte)
Die Beska GmbH veröffentlicht in der Tageszeitung folgende Anzeige:

Service „Royal" – jeder Teller 8,00 €	
Platzteller	bisher 12,50 €, jetzt 8,00 €
Dessertteller	bisher 10,50 €, jetzt 8,00 €
Suppenteller	bisher 11,00 €, jetzt 8,00 €

Eine Kundin kauft acht Platzteller, acht Dessertteller und acht Suppenteller.

a Wie viel Euro hat sie insgesamt zu zahlen? ☐☐☐,☐☐ €

b Wie viel Euro spart sie insgesamt durch die Preisreduktion? ☐☐,☐☐ €

c Wie viel Prozent spart sie durch die Preisreduktion ein? ☐☐,☐☐ %

Nebenrechnungen:

Aufgabe 23 (4 Punkte)
Im letzten Geschäftsjahr wurden folgende Monatsumsätze erwirtschaftet:

Januar:	123.000 €
Februar:	89.000 €
März:	91.000 €
April:	69.000 €
Mai:	84.000 €
Juni:	85.000 €
Juli:	78.000 €
August:	95.000 €
September:	86.000 €
Oktober:	97.000 €
November:	101.000 €
Dezember:	165.000 €

a Wie viel Euro beträgt der durchschnittliche Umsatz je Monat? ☐☐.☐☐☐,☐☐ €

b Wie viel Prozent vom Gesamtumsatz beträgt der Umsatz des Monats Dezember? ☐☐,☐☐ %

Nebenrechnungen:

Aufgabe 24 (4 Punkte)
Die Beska GmbH plant mit fünf weiteren Unternehmen der Tauentzienstraße eine gemeinsame Werbekampagne. Je beteiligte Unternehmung belaufen sich die Kosten auf 2.890,00 €.

a Wie viel Euro kostet die gesamte Werbekampagne? ☐☐.☐☐☐,☐☐ €

b Wie viel Euro kostet es für jedes Unternehmen, wenn kurzfristig drei weitere Unternehmen an der Werbekampagne teilnehmen, dabei die Gesamtkosten aber unverändert bleiben? ☐.☐☐☐,☐☐ €

c Um wie viel Prozent sinkt der Kostenanteil je Unternehmen, wenn statt sechs nun neun Unternehmen teilnehmen? ☐☐,☐☐ %

Nebenrechnungen:

Prüfungsbereich: Warenwirtschaft und Kalkulation

Aufgabe 25 (4 Punkte)

Sie sind Mitarbeiter der Beska GmbH und in der Verwaltung beschäftigt. Zu Ihrem Aufgabengebiet gehört die Kalkulation sowohl der Bezugspreise als auch der Verkaufspreise.

Der Listeneinkaufspreis eines Artikels beträgt 15,60 € (je Stück). Die Beska GmbH benötigt 356 Stück dieses Artikels. Der Lieferant gewährt 15 % Mengenrabatt. An Transportkosten fallen 125,00 € an, die gesondert an einen Spediteur zu zahlen sind. Die Beska GmbH zahlt innerhalb der Skontofrist und zieht 0,27 € Skonto pro Stück ab.

a Wie viel Euro beträgt der Listeneinkaufspreis für die gesamte Warenlieferung?

b Wie viel Euro beträgt der gesamte Mengenrabatt?

c Wie viel Prozent beträgt der Skonto? (Ergebnis auf ganze Zahl runden.)

d Wie viel Euro beträgt der Bezugspreis pro Stück?

e Wie viel Euro muss die Beska GmbH an den Lieferanten überweisen?

Nebenrechnungen:

Prüfungsbereich: Wirtschafts- und Sozialkunde

Aufgabe 1 (4 Punkte)
Am 12.08.2017 verkaufte die Beska GmbH einem Kunden eine neue Waschmaschine. Der Kunde erhielt die Ware am 24.08.2017. Entscheiden Sie, bis wann die Beska GmbH dem gesetzlichen Gewährleistungsanspruch des Kunden nachkommen muss.

a 11.02.2018 ☐
b 23.02.2018 ☐
c 31.12.2017 ☐
d 11.02.2019 ☐
e 24.08.2019 ☐

Aufgabe 2 (4 Punkte)
Sie arbeiten bei der Beska GmbH und werden mit einigen Reklamationen Ihrer Kunden konfrontiert. In welchem der unten stehenden Fälle hat der Kunde der Beska GmbH einen Rechtsanspruch darauf, dass sein Wunsch erfüllt wird?

a Ein Kunde hat einen Nassrasierer als Geschenk gekauft. Da der Beschenkte jedoch die Trockenrasur bevorzugt, möchte der Kunde den Nassrasierer zurückgeben. ☐

b Ein Kunde möchte gekaufte Wanderschuhe umtauschen, da er in ihnen nicht so gut wandern kann wie angenommen. ☐

c Ein Kunde möchte die gestern gekauften Sitzkissen für Gartenmöbel zurückgeben, da sie farblich nicht zu den Gartenmöbeln passen. ☐

d Eine Kundin möchte verpackte Kinderunterwäsche umtauschen, die sie gestern gekauft hatte, da sich in der Verpackung nicht die angegebene Größe befindet. ☐

e Ein Kunde reklamiert Glühlampen, da er sie nicht benötigt. ☐

Aufgabe 3 (4 Punkte)
Die Beska GmbH muss Sachmängel zu verschiedenen Zeitpunkten erkennen, um rechtlich darauf reagieren zu können. In welchen der aufgeführten Fälle handelt es sich zum Lieferungszeitpunkt um einen

1 offenen Mangel?
2 versteckten Mangel?
3 versteckten und arglistig verschwiegenen Mangel?

a Ein aus Reklamationsrückläufen stammendes defektes TV-Gerät wird als neues Gerät zum vollen Preis verkauft. ☐

b Eine als farbecht gekennzeichnete Hose färbt beim Waschen aus. ☐

c Die Deckel von Quarkbechern sind beschädigt. ☐

d Ein gebrauchter Pkw wird als unfallfrei verkauft, obwohl der Verkäufer weiß, dass dieser Pkw ein Unfallwagen ist. ☐

e Der Joghurt ist verschimmelt, obwohl das Mindesthaltbarkeitsdatum auf der Verpackung noch nicht abgelaufen ist. ☐

Aufgabe 4 (4 Punkte)
In welchen der nachfolgenden Fälle gewährt die Beska GmbH einen

1 Rabatt?
2 Bonus?
3 Skonto?

a Ein Einzelhändler gewährt dem Kunden für den Kauf einer außerordentlich großen Menge Ware einen Preisnachlass. ☐

b Ein Einzelhändler gewährt dem Kunden eine Vergütung, weil er die Abnahmemenge am Ende des Jahres um einen bestimmten Betrag überschritten hat. ☐

c Ein Einzelhändler gewährt für langjährige Kunden einen Nachlass. ☐

d Ein Einzelhändler gewährt einem Kunden einen Preisnachlass für vorzeitige Zahlung seiner Rechnung. ☐

e Ein Einzelhändler gewährt seinen Mitarbeitern bei einem Personalkauf einen Nachlass. ☐

Aufgabe 5 (4 Punkte)
Damit die Beska GmbH gültige Rechtsgeschäfte abschließen kann, darf sie nicht gegen die Rechtsordnung verstoßen. Ergänzen Sie die nachfolgenden Sätze durch die unten stehenden Begriffe.

1 geschäftsfähig(e)
2 beschränkt geschäftsfähig(e)
3 geschäftsunfähig(e)

a Kinder, die das 7. Lebensjahr noch nicht erreicht haben, sind … ☐

b Personen, die das 7. Lebensjahr vollendet haben und noch nicht volljährig sind, sind … ☐

c Personen, die das 18. Lebensjahr erreicht haben, sind … ☐

d Personen, die Rechtsgeschäfte abschließen dürfen, welche aber nur mit Zustimmung des gesetzlichen Vertreters gültig sind, sind … ☐

e Für … Personen handeln immer ihre gesetzlichen Vertreter. ☐

Aufgabe 6 (4 Punkte)
Ist ein Kaufvertrag zwischen dem Kunden und der Beska GmbH zu Stande gekommen, ändern sich für beide Parteien die Eigentumsverhältnisse.

In welchem der unten stehenden Fälle ist der Kunde

1 Besitzer, aber kein Eigentümer?
2 Eigentümer, aber kein Besitzer?
3 Besitzer und Eigentümer?
4 weder Besitzer noch Eigentümer der Ware?

a Ein Kunde hat in seinem Einkaufskorb vier Tüten Milch; er befindet sich auf dem Weg zur Kasse. ☐

b Ein Kunde bezahlt seine Hose und legt diese in seine Einkaufstasche. ☐

c Der Verkäufer nimmt einen PC eines Kunden zur Reparatur entgegen. Der Kunde hat beim Aufspielen eines Programms den PC beschädigt. ☐

d Eine Kundin wünscht ein Armband passend zu ihrem Ring. Der Juwelier muss das Armband bestellen. ☐

e Ein Kunde hat eine Möbelgarnitur auf Raten erworben. Die Möbelgarnitur ist ihm unter Eigentumsvorbehalt geliefert worden und die letzte Rate hat er noch nicht gezahlt. ☐

Aufgabe 7 (4 Punkte)
In welchem der nachfolgenden Fälle hat der Kunde der Beska GmbH einen Rechtsanspruch auf eine Ersatzlieferung bzw. Nachbesserung?

a Ein Kunde bringt die vor zwei Tagen gekaufte Hose zurück, weil ihm die Passform doch nicht so recht gefällt. ☐

b Ein Kunde bringt ein Wandregal zurück, weil das Wandregal nicht in die vorgesehene Wohnungsecke passt. ☐

c Ein Kunde bringt Batterien zurück, weil er die falschen Batterien gekauft hat. ☐

d Ein Kunde bringt einen gestern gekauften Laufschuh zurück, weil sich nach einmaligem Joggen die Sohle löst. ☐

e Ein Kunde bringt ein gestern gekauftes Kaffeeservice zurück, weil dieses der Mutter nicht gefällt. ☐

Aufgabe 8 (4 Punkte)
Die Wirtschaft wird in unterschiedliche Wirtschaftsstufen oder Sektoren eingeteilt.

Welche der unten stehenden Unternehmungen gehören zum

1 primären,
2 sekundären,
3 tertiären

Wirtschaftssektor?

a Buchhandlung ☐

b Textilhersteller ☐

c Motorradhersteller ☐

d Försterei ☐

e Sparkasse ☐

Aufgabe 9 (4 Punkte)
Ein Unternehmen arbeitet nach dem gemeinwirtschaftlichen Prinzip. Welches dieser unten aufgeführten Kriterien prägt das gemeinwirtschaftliche Prinzip?

a Wettbewerb/Konkurrenz ☐

b Streben nach Gewinn ☐

c Deckung aller Kosten ☐

d Steigerung des Umsatzes ☐

e Erhöhung der Produktion ☐

Prüfungsbereich: Wirtschafts- und Sozialkunde

Aufgabe 10 (4 Punkte)
Die Beska GmbH ist angehalten, mit ihren Ressourcen und Wirtschaftsgütern sparsam umzugehen.

In welchem der nachfolgenden Fälle handeln die Personen

1 nach dem Minimalprinzip?
2 nach dem Maximalprinzip?
3 weder nach dem Minimalprinzip noch nach dem Maximalprinzip?

a Eine Erstverkäuferin will ihren Personaleinsatz so planen, dass ihre fünf Mitarbeiterinnen immer optimal eingesetzt sind.

b Nach einem Angebotsvergleich bestellt ein Einzelhändler bei einem Großhändler mit dem günstigsten Einstandspreis.

c Die Geschäftsleitung eines Verbrauchermarktes möchte für die Erneuerung ihrer Warenträger Sonderangebote ausnutzen.

d Der Abteilungsleiter eines Warenhauses führt geschäftliche Telefonate unter Ausnutzung günstiger Telefontarife.

e Ein Textileinzelhändler möchte mit möglichst geringem Wareneinsatz einen höchstmöglichen Umsatz erreichen.

Aufgabe 11 (4 Punkte)
In welchem der unten stehenden Fälle verstößt die Beska GmbH gegen

1 das Gesetz gegen den unlauteren Wettbewerb (UWG)
2 die Preisangabenverordnung
3 keine gesetzliche Vorschrift?

a Ein Einzelhändler gewährt dann 3 % Preisnachlass, wenn der Kunde bar zahlt.

b Ein Einzelhändler verkauft einen Artikel zu 1,29 €, obwohl auf der Verpackung eine unverbindliche Preisempfehlung des Herstellers von 1,49 € angegeben ist.

c Ein Einzelhändler drängt eine Passantin, die vor seinem Schaufenster steht, zu einem Beratungsgespräch in seine Verkaufsräume.

d Ein Einzelhändler gibt für Änderungsdienste Nettopreise plus fällige Umsatzsteuer an.

e Ein Einzelhändler wirbt mit radikaler Preisreduzierung. Er bietet das reduzierte Produkt lediglich für fünf Stunden an.

Aufgabe 12 (4 Punkte)
Bei welchem der nachfolgend gekauften Produkte handelt es sich um ein Produktionsgut?

a Auf einer Hochzeitsfeier wird Prosecco getrunken.

b Ein Auszubildender kauft sich für seine neue Wohnung einen Sessel.

c Ein Lebensmitteleinzelhändler kauft für seinen Geschäftsraum eine neue Ladentheke.

d Eine junge Frau kauft sich einen Wintermantel.

e In einer Pizzeria isst ein junges Paar Pizza.

Aufgabe 13 (4 Punkte)
Welche drei Mitarbeiter der Beska GmbH stehen unter besonderem Kündigungsschutz?

a Claudia Weiland, Verkäuferin, fünf Monate nach der Entbindung in Elternzeit ☐

b Hans Schneider, Verkäufer, Mitglied des Betriebsrats ☐

c Heidi Wiese, ehemalige Auszubildende, jetzt Verkäuferin in der Textilabteilung ☐

d Andrea Scholz, seit vier Jahren Mitarbeiterin in der Warenannahme ☐

e Werner Jakob, seit einem Jahr Filialleiter ☐

f Anna Dennefeld, seit vier Jahren Verkäuferin, schwanger ☐

g Wilfried Sander, Auslieferungsfahrer, verheiratet ☐

Aufgabe 14 (4 Punkte)
Welche der nachfolgenden Leistungen werden nach Arbeitsunfällen von der Berufsgenossenschaft getragen?

a Erwerbsunfähigkeitsrente, Rehabilitation, Altersruhegeld ☐

b berufsfördernde Leistungen, Verletztenrente, Sterbegeld ☐

c Krankengeld, Krankentransport ☐

d häusliche Pflege und Betreuung im Alter ☐

e Arbeitslosengeld, Kurzarbeitergeld ☐

Aufgabe 15 (4 Punkte)
Durch welche der folgenden Vertragspartner wird eine Betriebsvereinbarung geschlossen?

a Arbeitgeberverband und Gewerkschaft ☐

b Arbeitgeber und Betriebsrat ☐

c Personalabteilung und Arbeitnehmer ☐

d Bundesregierung und Gewerkschaften ☐

e Berufsgenossenschaft und Betriebsrat ☐

Aufgabe 16 (4 Punkte)
Ergänzen Sie die folgenden Sätze durch die entsprechenden Begriffe.

1 Unfallverhütung
2 Berufskrankheiten
3 Träger
4 Arbeitgeber
5 Arbeitnehmer

a … der gesetzlichen Unfallversicherung sind die Berufsgenossenschaften. ☐

b … zahlen keinen Beitrag zur gesetzlichen Unfallversicherung. ☐

c … sind grundsätzlich Mitglied der zuständigen Berufsgenossenschaft. ☐

d Vorschriften über … müssen von den Berufsgenossenschaften herausgegeben werden. ☐

Prüfungsbereich: Wirtschafts- und Sozialkunde

Aufgabe 17 (4 Punkte)
Welche zwei Sachverhalte werden im Jugendarbeitsschutzgesetz geregelt?

a   Rechte und Pflichten der Auszubildendenvertretung der Beska GmbH ☐

b   zulässige Beschäftigungszeit für die 17-jährige Auszubildende Karin Weiland ☐

c   Kostenübernahme der für Jugendliche vorgeschriebenen ärztlichen Eignungsuntersuchung ☐

d   Ende des Ausbildungsverhältnisses der Auszubildenden, die bei der Einstellung noch nicht volljährig waren ☐

Aufgabe 18 (4 Punkte)
Welche der folgenden Leistungen werden von der Beska GmbH aufgrund gesetzlicher Bestimmungen gewährt?

a   Urlaub ☐

b   Weihnachtsgeld ☐

c   Lohn und Gehalt ☐

d   Personalrabatt ☐

e   Urlaubsgeld ☐

f   Benutzung des Lieferwagens der Beska GmbH ☐

g   Jobticket ☐

Aufgabe 19 (4 Punkte)
Welche zwei der folgenden Leistungen werden von der gesetzlichen Krankenkasse übernommen?

a   Arbeitsvermittlung und Berufsberatung ☐

b   Kostenübernahme bei einer anerkannten Berufskrankheit ☐

c   Übernahme von Altersruhegeld ☐

d   Kostenübernahme bei Zahnbehandlung wegen Parodontose ☐

e   teilweise Kostenübernahme für notwendige Medikamente ☐

f   Erholungsurlaub in einem Thermalbad ☐

g   Mitgliedsbeitrag für Sportvereine ☐

Aufgabe 20 (4 Punkte)
Welche der nachstehenden Aussagen über die Sozialversicherung ist richtig?

a   Die Höhe der Beiträge ist vom Dienstalter des Arbeitnehmers abhängig. ☐

b   Der Beitragssatz (ohne Zusatzbeitrag) ist für alle gesetzlichen Krankenkassen gleich hoch. ☐

c   Familienangehörige des Arbeitnehmers können nicht mitversichert werden. ☐

d   Die Mitgliedschaft ist für die meisten Arbeitnehmer freiwillig. ☐

e   Der Arbeitgeber trägt 70 % der Beiträge zur Sozialversicherung. ☐

Aufgabe 21 (4 Punkte)
Welche der nachfolgenden Leistungen erbringt die gesetzliche Pflegeversicherung?

a Kostenübernahme bei der Behandlung von Sportverletzungen ☐

b Berufsorientierungshilfe und Berufsberatung ☐

c Sach- und Geldleistungen in fünf Stufen bei häuslichem oder stationärem Betreuungsbedarf ☐

d Zahlung von Erwerbsunfähigkeitsrente ☐

e Kostenübernahme bei Krankenhausaufenthalten und Nachsorge ☐

Aufgabe 22 (4 Punkte)
Vervollständigen Sie folgende Sätze durch Einsetzen der entsprechenden Ergänzungen.

1 Die Gewerkschaft ver.di
2 Die Industrie- und Handelskammer
3 Der Handelsverband Deutschland – Einzelhandel
4 Das Amt für Arbeitsschutz
5 Die Berufsgenossenschaft des Einzelhandels
6 Alle Mitarbeiter
7 Alle Mitarbeiter, Lieferer und Kunden
8 Die Krankenkasse

a … überprüft die Einhaltung der Unfallverhütungsvorschriften im Einzelhandel. ☐

b … müssen Unfallverhütungsvorschriften im Betrieb beachten. ☐

c … erlässt Unfallverhütungsvorschriften für den Einzelhandel. ☐

d … müssen Sicherheitszeichen bei Aufenthalt in den Geschäftsräumen uneingeschränkt beachten. ☐

Aufgabe 23 (4 Punkte)
Welche der unten stehenden Zeichen 1 bis 4 bezeichnet man als

a Verbotszeichen? ☐

b Warnzeichen? ☐

c Gebotszeichen? ☐

d Rettungszeichen? ☐

1    2

3    4

Prüfungsbereich: Wirtschafts- und Sozialkunde

Aufgabe 24 (4 Punkte)
Welche zwei der unten stehenden Maßnahmen bezüglich des Verpackungsmaterials sind für die Beska GmbH im Zusammenhang mit Umweltschutz besonders zu befürworten?

a Die Beska GmbH bietet immer mehr wiederbenutzbare Stofftaschen an. ☐

b Die Beska GmbH gibt jedem Kunden am Eingang eine große Plastiktüte. ☐

c Die Beska GmbH bietet Verpackungsbehälter (z. B. Joghurtgläser) im Pfandsystem an. ☐

d Die Beska GmbH bietet das Verpackungsmaterial so an, dass sich die Kunden jederzeit selbst versorgen können. ☐

e Die Beska GmbH lässt jeden Lebensmitteleinkauf der Kunden von einem Einpackservice separat verpacken. ☐

f Die Beska GmbH animiert die Kunden, für Frischware an den Bedientheken eigene Folie mitzubringen. ☐

g Die Beska GmbH entsorgt zur Zeitersparnis alle Umverpackungen in einer Müllpresse gemeinsam mit Restmüll. ☐

Aufgabe 25 (4 Punkte)
In dem unten stehenden Schaubild ist der Kreislauf der dualen Abfallwirtschaft dargestellt. Ordnen Sie den Buchstaben die entsprechenden Vorgänge (Ziffern) zu.

Vorgänge:

a Lizenzgebühren ☐

b Lieferung von Sekundärrohstoffen ☐

c Entsorgung von Verpackungen ☐

d Lieferung von Verpackungen ☐

e Finanzierung über Lizenzgebühren ☐

f Lieferung von verpackten Produkten ☐

g Sortierung und Verwertung von Verpackungen ☐

h Lizenzvergabe ☐

i Verkauf von verpackten Produkten

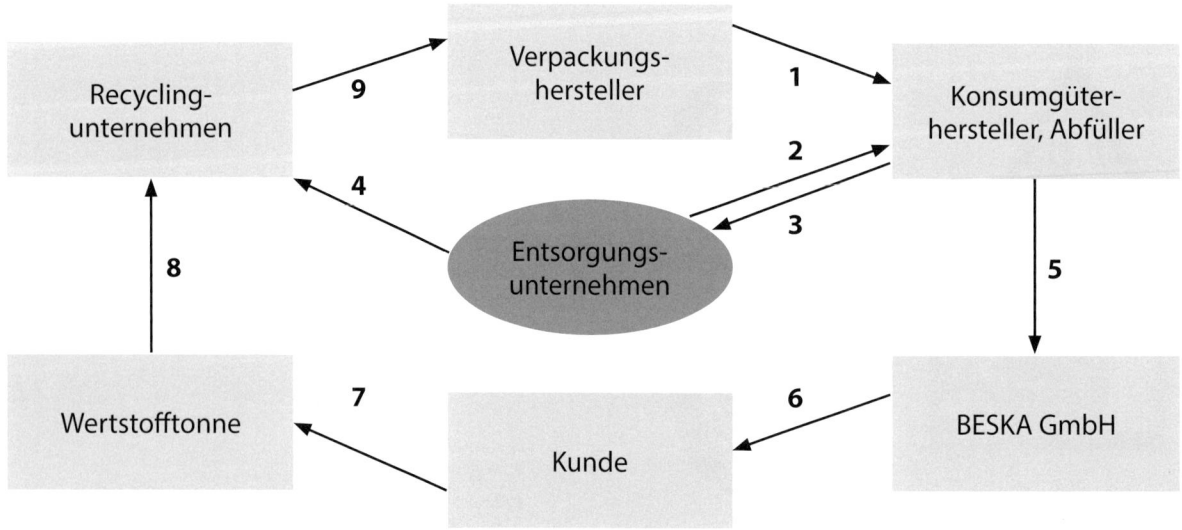

Prüfung 2
Prüfungsbereich: Verkauf und Werbemaßnahmen

Aufgabe 1 (20 Punkte)

Sie werden als Mitarbeiterin des Warenhauses Beska GmbH an der Kasse eingesetzt. Ein Kunde fragt bei der Bezahlung seiner Ware, ob „Kartenzahlung" möglich ist. An Ihrer Kasse befinden sich folgende Symbole:

Erklären Sie, welche Arten der „Kartenzahlung" möglich sind und erläutern Sie den Ablauf des Verfahrens.

a

b

Aufgabe 2 (20 Punkte)
In einem Verkaufsgespräch hat der Verkäufer die Aufgabe, den Kunden über seine Kaufmotive (Ansprüche) anzusprechen.

a Erläutern Sie, warum es wichtig ist, den Kunden über seine Kaufmotive anzusprechen. **(4 Punkte)**

b Formulieren Sie in wörtlicher Rede zu den unten aufgeführten Kaufmotiven je ein Verkaufsargument und beziehen Sie sich dabei auf Waren einer Branche Ihrer Wahl. (**16 Punkte**)

(1) Bequemlichkeit/Zeitersparnis **(4 Punkte)**

(2) Sicherheit **(4 Punkte)**

(3) Prestige/Anerkennung **(4 Punkte)**

(4) Umweltbewusstsein **(4 Punkte)**

Aufgabe 3 (20 Punkte)
Die Weihnachtszeit bietet für die Beska GmbH die Chance, ihren Umsatz zu erhöhen.

a   Erläutern Sie fünf Maßnahmen der Beska GmbH, um eine weihnachtliche Stimmung zu schaffen. **(12 Punkte)**

b   Beschreiben Sie darüber hinaus drei weitere verkaufsfördernde Maßnahmen, mit denen die Beska GmbH zur Weihnachtszeit ihren Umsatz steigern kann. **(8 Punkte)**

Aufgabe 4 (8 Punkte)
Ein Warenwirtschaftssystem ermöglicht das so genannte Preis-look-up-Verfahren (PLU). Auch die Beska GmbH arbeitet mit einem Warenwirtschaftssystem.

a Erläutern Sie die Funktionsweise des PLU-Verfahrens. **(6 Punkte)**

_____
_____
_____
_____
_____
_____

b Nennen Sie zwei Vorteile für den Einzelhändler, die sich beim Einsatz des PLU ergeben. **(2 Punkte)**

_____
_____
_____

Aufgabe 5 (12 Punkte)
Die ständige Schulung des Verkaufspersonals ist der Beska GmbH ein großes Anliegen. Insbesondere auf die Behandlung von berechtigten Kundeneinwänden legt die Geschäftsleitung der Beska GmbH großen Wert. Formulieren Sie in wörtlicher Rede mit Hilfe eines Artikels aus Ihrem Ausbildungssortiment eine kundengerechte Antwort auf folgende Kundeneinwände.

a „Für so einen Krempel würde ich nicht so viel Geld ausgeben!" **(4 Punkte)**

_____
_____
_____
_____

b „Ist das Produkt wirklich aktuell?" **(4 Punkte)**

_____
_____
_____
_____

c „Hat dieses Gerät noch andere Vorteile?" (**4 Punkte**)

Aufgabe 6 (20 Punkte)
Auf verschiedenen Waren der Beska GmbH befinden sich die unten stehenden Zeichen.
Die Kundin Frau Schneider fragt Sie nach der Bedeutung der Zeichen. Erklären Sie der Kundin beide
Zeichen in wörtlicher Rede:

a    b

a

b

Prüfungsbereich: Warenwirtschaft und Kalkulation

Situation zu den Aufgaben 1–4
Sie sind zurzeit in der Verwaltung der Beska GmbH eingesetzt. Ihr wichtigstes Arbeitsmittel zur Erfassung, Speicherung und Auswertung einer Vielzahl von Daten ist der PC mit entsprechender Software.

Aufgabe 1 (4 Punkte)
Die Beska GmbH nutzt für die Verwaltung aller Ein- und Verkäufe ein Warenwirtschaftssystem (WWS). Entscheiden Sie, durch welche der folgenden Aussagen die Vorteile eines WWS richtig beschrieben sind.

a Die Geschäftsleitung der Beska GmbH kann jederzeit schnell und bedarfsgerecht auf Grundlage der Informationen des WWS Entscheidungen treffen. ☐

b Der Kassiervorgang verzögert sich, da das Personal aufgrund der komplizierten Technologie eines WWS viel mehr Zeit benötigt. ☐

c Durch die Einführung eines WWS wird mehr Personal benötigt. ☐

d Die Inventur verlängert sich, da alle Daten des WWS mit den Inventurergebnissen verglichen werden müssen. ☐

e Der Erfolg einer Verkaufsaktion kann durch ein WWS nur schwer bewertet werden, da zu viele Daten von dem WWS erfasst werden. ☐

Aufgabe 2 (4 Punkte)
Die Beska GmbH möchte die Datenschutzgrundverordnung umsetzen und bei der Erfassung personenbezogener Daten eine datenschutzrechtliche Einwilligungserklärung von den Kunden einholen. Welcher Aussage können Sie in diesem Zusammenhang nicht zustimmen?

a Die Einwilligungserklärung der Kunden zur Verarbeitung personenbezogener Daten muss freiwillig erfolgen. ☐

b Die Einwilligungserklärung der Kunden zur Verarbeitung personenbezogener Daten muss schriftlich erfolgen. ☐

c Die Einwilligungserklärung der Kunden zur Verarbeitung personenbezogener Daten muss persönlich erfolgen. ☐

d Die Einwilligungserklärung der Kunden zur Verarbeitung personenbezogener Daten muss vor der Erhebung, Verarbeitung und Nutzung der Daten erfolgen. ☐

e Für die Nutzung personenbezogener Daten für E-Mail-, Post- oder Telefon-Kontakt muss die Einwilligungserklärung in getrennten Formularen eingeholt werden. ☐

Aufgabe 3 (4 Punkte)
Mit Hilfe des Warenwirtschaftssystems (WWS) hat die Beska GmbH die Möglichkeit, zahlreiche Auswertungen vorzunehmen. Entscheiden Sie, ob in folgenden Situationen

1 eine Auswertung möglich ist,
2 keine Auswertung mit dem WWS möglich ist.

a prozentualer Anteil einer Warengruppe am Gesamtumsatz ☐

b Gehälter der Mitarbeiter einer Abteilung ☐

c Einkaufs- und Verkaufspreise aller Artikel ☐

d Mietkosten für den Verkaufsraum ☐

e Ermittlung und Erstellung von Renner-/Pennerartikeln bzw. Listen ☐

Aufgabe 4 (4 Punkte)
Die Beska GmbH verwendet in allen Abteilungen Datenkassen. Stellen Sie durch Eintragung der Ziffern 1 bis 5 fest, in welcher Reihenfolge die unten stehenden Arbeitsschritte beim Kassiervorgang erfolgen.

a Weiterleitung der GTIN an den Zentralrechner ☐

b Übertragung der notwendigen Daten an den Point of sale ☐

c Einlesen bzw. Eingabe der GTIN am Point of sale ☐

d Ermittlung des hinterlegten Datensatzes in der Artikelstammdatei des Warenwirtschaftssystems ☐

e Ausdruck des Kassenbons ☐

Aufgabe 5 (4 Punkte)
Die Beska GmbH plant bisher für einen Artikel mit einem durchschnittlichen Tagesabsatz von 15 Stück, einem Mindestbestand von 120 Stück und einer Lieferzeit von 7 Tagen.

a Wie hoch ist der Meldebestand? ☐☐☐ Stück

b Im Rahmen eines Angebotes bietet ein neuer Lieferant für diesen Artikel eine Lieferzeit von nur 5 Tagen an. Nach einer neuen Berechnung beläuft sich der Meldebestand bei Annahme des Angebots nun auf 175 Stück.

   Ermitteln Sie den neuen Mindestbestand. ☐☐☐ Stück

c Um wie viel Stück wurde der bisherige Mindestbestand verringert? ☐☐ Stück

Nebenrechnungen:

Prüfungsbereich: Warenwirtschaft und Kalkulation

Aufgabe 6 (4 Punkte)
Die Kenntnis und die Beherrschung der verschiedenen Lagerkennzahlen sind für die Mitarbeiter der Beska GmbH für ihre erfolgreiche Arbeit notwendig. Entscheiden Sie, welche der folgenden Kennzahlen sich durch die unten stehenden Formeln ermitteln lassen.

1. durchschnittlicher Lagerbestand
2. Umschlagshäufigkeit
3. durchschnittliche Lagerdauer
4. Wareneinsatz
5. Meldebestand
6. Höchstbestand

a Anfangsbestand + Zugänge – Endbestand ☐

b $\dfrac{\text{Anfangsbestand + Endbestand}}{2}$ ☐

c $\dfrac{360}{\text{Umschlagshäufigkeit}}$ ☐

d $\dfrac{\text{Wareneinsatz}}{\text{durchschnittlicher Lagerbestand}}$ ☐

Aufgabe 7 (4 Punkte)
Wie jeder andere Einzelhändler, so achtet auch die Beska GmbH bei ihren Lieferanten unter anderem auf die Lieferzeit, da dadurch der Lagerbestand beeinflusst werden kann. Entscheiden Sie, welche der folgenden Aussagen über den Zusammenhang zwischen Lieferzeit und Lagerbestand zutrifft.

a Je länger die Lieferzeit ist, desto geringer ist der Lagerbestand. ☐

b Je kürzer die Lieferzeit ist, desto größer ist der Lagerbestand. ☐

c Je länger die Lieferzeit ist, desto geringer ist der Meldebestand. ☐

d Je kürzer die Lieferzeit ist, desto geringer ist der Lagerbestand. ☐

e Je kürzer die Lieferzeit ist, desto größer ist der Meldebestand. ☐

Aufgabe 8 (4 Punkte)
Den Lagerkosten wird bei der Beska GmbH besondere Aufmerksamkeit geschenkt, da sie die Verkaufspreise der Artikel entscheidend beeinflussen. Entscheiden Sie, welche der folgenden aufgeführten Entwicklungen

1. eine Erhöhung,
2. eine Verminderung,
3. weder eine Erhöhung noch eine Verminderung der Lagerkosten bewirken.

a Der durchschnittliche Lagerbestand sinkt. ☐

b Der Mindestbestand wird herabgesetzt. ☐

c Die Umschlagshäufigkeit steigt. ☐

d Die durchschnittliche Lagerdauer steigt. ☐

e Der Umsatzsteuersatz steigt um 2 Prozentpunkte. ☐

Aufgabe 9 (4 Punkte)
Ermitteln Sie anhand nachfolgender Grafik zur Veränderung des Lagerbestandes eines Artikels jeweils

a den Meldebestand. ☐☐ Stück

b den Wochenabsatz. ☐☐ Stück

c den eisernen Bestand. ☐☐ Stück

d den Höchstbestand. ☐☐☐ Stück

e die Liefermenge. ☐☐ Stück

f die Lieferzeit. ☐ Wochen

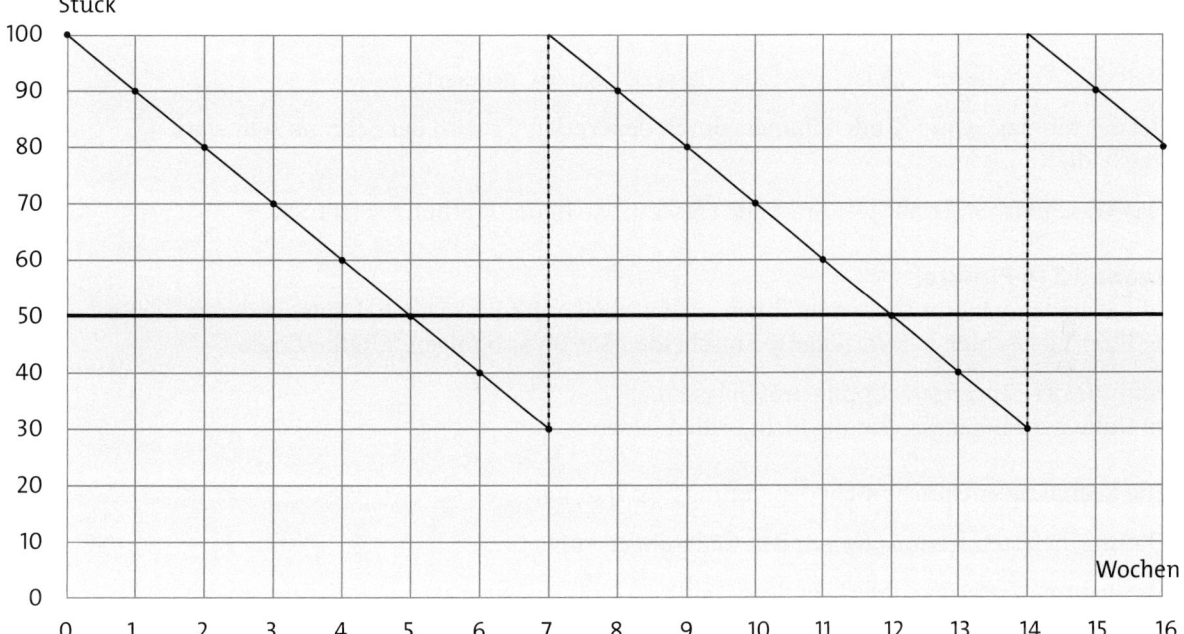

Situation zu den Aufgaben 10–12
Sie sind zurzeit bei der Beska GmbH für den Wareneingang zuständig und erhalten jeden Tag eine Vielzahl von Lieferungen.

Aufgabe 10 (4 Punkte)
Entscheiden Sie, in welchem der aufgeführten Fälle es sich zum Zeitpunkt der Lieferung um einen
1 offenen Mangel,
2 versteckten Mangel
handelt.

a Ein MP3-Player funktioniert zwei Monate nach Lieferung nicht mehr, da ein technisches Bauteil defekt ist. ☐

b Farbechte T-Shirts färben bei der ersten Wäsche aus. ☐

c Das Mindesthaltbarkeitsdatum von Joghurts ist überschritten. ☐

d Beim Auspacken von Gouda-Käse stellen Sie fest, dass der gestern gekaufte Käse verschimmelt ist. ☐

e Das Bild eines Fernsehers beginnt nach vier Monaten zu flimmern. ☐

Prüfungsbereich: Warenwirtschaft und Kalkulation

Aufgabe 11 (4 Punkte)
Entscheiden Sie, welche der aufgeführten Mängelarten in den folgenden Situationen vorliegt.

1 Fehlmenge (Quantitätsmangel)
2 Falschlieferung
3 Abweichung von Werbeaussage
4 Beschaffenheit und Güte (Qualitätsmangel)
5 Montagemangel

a Bei der Kontrolle der Lieferung von Damenblusen wurde festgestellt, dass statt Seidenblusen Herrenhemden geliefert wurden. ☐

b Der Beska GmbH werden statt 150 Hosen lediglich 50 Hosen geliefert. ☐

c Bei der Anlieferung von MP3-Playern sind deutlich sichtbare Kratzspuren auf dem Gehäuse zu erkennen. ☐

d Statt der Weinglasserie „Klar" wird die Glasserie „Sawro" geliefert. ☐

e Bei der Montage eines Kinderzimmers durch den Verkäufer wird der Schrank sehr stark beschädigt. ☐

f Das Waschpulver „Tersil" löst nicht alle Flecken, wie in der Werbung versprochen. ☐

Aufgabe 12 (4 Punkte)
Für die Wareneingangsprüfung steht Ihnen als Mitarbeiter der Beska GmbH unter anderem die Rechnung Ihrer Lieferanten zur Verfügung. Entscheiden Sie, ob sich folgende Tatbestände

1 mithilfe der Eingangsrechnung prüfen lassen,
2 mithilfe der Eingangsrechnung nicht prüfen lassen.

a Die Rechnung entspricht nicht der Auftragsbestätigung. ☐

b Die angelieferten Kartons weisen Beschädigungen auf. ☐

c Die gesamte Lieferung unterliegt dem regulären Umsatzsteuersatz. ☐

d Die Zahlungsbedingungen weichen von dem verbindlichen Angebot ab. ☐

e Die Zahl der berechneten Artikel entspricht der Zahl der angelieferten Artikel. ☐

Aufgabe 13 (4 Punkte)
Welcher der folgenden Vorgänge an einer Kasse der Beska GmbH führt zu einer Kassendifferenz?

a Eine Mitarbeiterin entnimmt vorübergehend einen Geldbetrag aus der Kasse, um bei einer anderen Kasse Kleingeld zu wechseln. ☐

b Ein Mitarbeiter erfasst und kassiert den Betrag für einen herabgesetzten Artikel aus einer Aktion. ☐

c Eine Mitarbeiterin bewilligt einer Kundin wegen einer Beschädigung an der Verpackung einer Ware eine Preissenkung. Der herabgesetzte Betrag wird erfasst. ☐

d Ein Mitarbeiter gibt einem Kunden 88,02 € Wechselgeld zurück. Der Kunde bezahlte mit einem 50-€-Schein. ☐

e Eine Mitarbeiterin erfasst beim Kassiervorgang einen Verkaufspreis, der eigentlich wegen einer Aktion geändert werden sollte. ☐

Aufgabe 14 (4 Punkte)
Ergänzen Sie die nachstehenden Teilsätze (a bis d) durch die nachstehenden Zusätze (1 bis 5) zu richtigen Aussagen.

1 Wechselgeld
2 Eine Kassendifferenz
3 Der Sollbestand der Kasse
4 Der durchschnittliche Kaufbetrag je Verkaufsvorgang
5 Ein Kassensturz

a ... wird aus den Verkaufserlösen und der Kundenzahl errechnet. ☐

b ... ist vor Beginn der Kassiertätigkeit zu besorgen und zu zählen. ☐

c ... wird mit dem Istbestand verglichen. ☐

d ... gibt Aufschluss über eine mögliche Kassendifferenz. ☐

Aufgabe 15 (4 Punkte)
Eine Kundin der Beska GmbH zahlt in der Lebensmittelabteilung bar. Welcher Ablauf ist für die Arbeitsschritte beim Kassieren sinnvoll? Kennzeichnen Sie den richtigen Ablauf mit den Ziffern **1** bis **4**.

a Geld des Kunden auf der Kasse ablegen ☐

b Wechselgeld zählen und dem Kunden übergeben ☐

c Ware erfassen (scannen) ☐

d Nennen des Zahlbetrags ☐

e Geld des Kunden in die Kasse einsortieren ☐

> **Situation zu den Aufgaben 16–21**
> Sie sind Mitarbeiter der Beska GmbH und in der Verwaltung beschäftigt. Zu Ihrem Aufgabengebiet gehört die Kalkulation sowohl der Bezugspreise als auch der Verkaufspreise. Des Weiteren veranlassen Sie Zahlungen an die Lieferanten und an das Finanzamt.

Aufgabe 16 (4 Punkte)
Die Beska GmbH bestellt Ware zu folgenden Konditionen:
Listeneinkaufspreis: 365,00 €
Zieleinkaufspreis: 321,20 €
Bareinkaufspreis: 308,35 €

Wie viel Prozent beträgt

a der Rabatt? ☐☐,☐☐ %

b Skonto? (Runden Sie auf ganze Prozent.) ☐ %

Nebenrechnungen:

Prüfungsbereich: Warenwirtschaft und Kalkulation

Aufgabe 17 (4 Punkte)
Die Beska GmbH kauft Ware ein und erhält vom Lieferanten 12 % Mengenrabatt und 2,5 %
Skonto. Für den Transport fallen Kosten in Höhe von 67,00 € an. Der Zieleinkaufspreis beträgt 2.070,50 €.

a Wie viel Euro beträgt der Listeneinkaufspreis?

b Wie viel Euro beträgt der Bezugs-/Einstandspreis?

Nebenrechnungen:

Aufgabe 18 (4 Punkte)
Die Beska GmbH erhält ein Angebot für einen Artikel, aus dem sich folgende Preise ergeben:
Listeneinkaufspreis: 753,25 €
Zieleinkaufspreis: 602,60 €
Bareinkaufspreis: 578,50 €
Einstands-/Bezugspreis: 610,00 €

a Wie viel Prozent Rabatt gewährt der Lieferant?

b Wie viel Prozent Skonto gewährt der Lieferant? (Runden Sie auf ganze Prozent.)

c Wie viel Euro verlangt der Lieferant für die Anlieferung der Ware?

Nebenrechnungen:

Aufgabe 19 (4 Punkte)
Zum Jahresende legt die Beska GmbH folgende GuV-Rechnung vor:

Aufwendungen		Gewinn und Verlust	Erträge
Aufwendungen für Waren	269.000,00	Umsatzerlöse	515.000,00
Personalaufwendungen	70.000,00	Mieterträge	13.550,00
Mietaufwendungen	34.300,00	Pachterträge	1.780,00
Zinsaufwendungen	13.670,00	Zinserträge	3.450,00
Gewinn (Saldo)	**146.810,00**		
	533.780,00		533.780,00

a Wie viel Euro beträgt der Wareneinsatz der Beska GmbH?   ☐☐☐.☐☐☐,☐☐ €

b Wie viel Euro betragen die Handlungskosten der Beska GmbH?   ☐☐☐.☐☐☐,☐☐ €

c Wie viel Prozent beträgt der Handlungskostenzuschlag?   ☐☐,☐☐ %

d Wie viel Prozent beträgt der Gewinnzuschlag im Berichtsjahr?   ☐☐,☐☐ %

Nebenrechnungen:

Aufgabe 20 (4 Punkte)
Die Beska GmbH kalkuliert einen Artikel zu folgenden Konditionen:
Bezugspreis: 13,50 €
Handlungskostenzuschlag: 46 %
Gewinnzuschlag: 18 %
Umsatzsteuersatz: 7 %

a Wie viel Euro beträgt der Selbstkostenpreis?   ☐☐,☐☐ €

b Wie viel Euro beträgt der Bruttoverkaufspreis?   ☐☐,☐☐ €

c Wie viel Prozent beträgt der Kalkulationszuschlag?   ☐☐,☐☐ %

d Wie lautet der Kalkulationsfaktor?   ☐,☐☐☐☐
   Runden Sie auf vier Stellen nach dem Komma.

Nebenrechnungen:

Prüfungsbereich: Warenwirtschaft und Kalkulation

Aufgabe 21 (4 Punkte)

Der Beska GmbH liegt folgende Rechnung eines Lieferanten vor:

SCHÜSSEL & GLAS JENA GMBH

SCHÜSSEL & GLAS JENA GMBH · Otto-Schott-Str. 13 · 07745 Jena

Berliner Superkauf GmbH
Tauentzienstr. 60
10789 Berlin

Rechnung: 15098 **Kunde:** 3694 12.05.XX

Wir lieferten Ihnen am 16.08.XX folgende Artikel:

Artikel	Stück	Einzelpreis	Rabatt	Gesamtpreis
Bodenvase	85	35,00 €		2.975,00 €
			10 %	− 297,50 €
				2.677,50 €
Transport				+ 125,00 €
Nettorechnungsbetrag				2.802,50 €
+ 19 % Umsatzsteuer				532,48 €
Bruttorechnungsbetrag				3.334,98 €

Bitte zahlen Sie den Rechnungsbetrag innerhalb von 30 Tagen netto Kasse, innerhalb von 14 Tagen unter Abzug von 2 % Skonto.

a Wie viel Euro beträgt der Zieleinkaufspreis pro Stück? ☐☐,☐☐ €

b Wie viel Euro beträgt der Bareinkaufspreis pro Stück? ☐☐,☐☐ €

c Wie viel Euro beträgt der Bezugspreis pro Stück? ☐☐,☐☐ €

d Wie viel Euro würde der Bezugspreis für die gesamte Lieferung betragen, wenn die Schüssel und Glas Jena GmbH frei Haus liefern würde? ☐.☐☐☐,☐☐ €

Nebenrechnungen:

Situation zu den Aufgaben 22–25
Sie sind Mitarbeiter der Beska GmbH und arbeiten zurzeit in der Verwaltung. Die folgenden Rechenvorgänge aus der Praxis zur Vor- und Nachbereitung geschäftlicher Prozesse sollen Sie bearbeiten.

Aufgabe 22 (4 Punkte)
Der Kassenbericht der Beska GmbH weist am Ende des Tages folgende Zahlen auf. Zusätzlich werden automatisch die Zahlen des Vorjahrestages ausgewiesen.

Beska GmbH
Kassenbericht-Auswertung

Kasse Nr. 13   Kassierer Nr. 103

	15.05. (heute)	15.05.XX (Vorjahr)
Gesamtumsatz (€)	11.567,00	10.236,89
davon: bar	5.668,20	4.003,20
Geldkarte	0,00	0,00
girocard	2.668,40	1.987,30
Lastschrift	1.200,00	1.325,30
Kreditkarte	1.564,40	560,00
Gutscheine	466,00	102,00
Zahl der Artikel	846	765
Zahl der Kunden	632	600

a Um wie viel Prozent hat sich der Gesamtumsatz zum Vorjahr verändert? +/– ☐☐☐,☐☐ %
b Um wie viel Prozent hat sich der Umsatz per ELV verändert? +/– ☐☐☐,☐☐ %
c Wie viel Euro beträgt der Durchschnittspreis der verkauften Artikel heute? ☐☐,☐☐ €
d Wie viel Euro betrug der Durchschnittsumsatz je Kunde am Vorjahrestag? ☐☐,☐☐ €

Nebenrechnungen:

Prüfungsbereich: Warenwirtschaft und Kalkulation

Aufgabe 23 (4 Punkte)
Die Inventur des Vorjahres wurde an einem Wochenende von 15 Mitarbeitern durchgeführt, dabei wurden 9.800 Artikel gezählt. In diesem Jahr wurde das Sortiment der Beska GmbH erweitert, es befinden sich nun 11.760 Artikel im Sortiment. Wie viele Mitarbeiter werden benötigt, wenn auch diesmal ein Wochenende zur Verfügung steht?

☐☐ Mitarbeiter

Nebenrechnungen:

Aufgabe 24 (4 Punkte)
Die Abteilungsleiterin für Damenbekleidung in der Beska GmbH verwendet ihr Einkaufslimit folgendermaßen:
20 % Hosen
15 % Blusen
10 % Pullover
40 % Röcke
Den Rest in Höhe von 9.000,00 € plant sie für etwaige Nachbestellungen ein.

Wie viel Euro beträgt das gesamte Einkaufslimit der Abteilung Damenbekleidung? ☐☐.☐☐☐,☐☐ €

Nebenrechnungen:

Aufgabe 25 (4 Punkte)

Die Beska GmbH zahlt den Abteilungsleitern Adams, Jansen und Bergfelder laut Arbeitsvertrag am Jahresende Prämien aus. Die Gesamtprämie beläuft sich auf 5.000,00 €. Davon sollen 2.000,00 € nach der Anzahl der Beschäftigungsjahre und 3.000,00 € nach dem erreichten Jahresumsatz der jeweiligen Abteilung verteilt werden.

Abteilungsleiter	Anzahl der Beschäftigungsjahre	Jahresumsatz der Abteilung
Adams	8 Jahre	312.000,00 €
Jansen	12 Jahre	448.000,00 €
Bergfelder	15 Jahre	292.000,00 €

a Wie viel Prämie erhält Abteilungsleiter Jansen aufgrund seiner Firmenzugehörigkeit? **(1 Punkt)**

b Wie viel Prämie erhält Abteilungsleiter Adams aufgrund seines Abteilungsumsatzes? **(1 Punkt)**

c Wie viel Prämie erhält Abteilungsleiter Bergfelder insgesamt? **(2 Punkte)**

Nebenrechnungen:

Prüfungsbereich: Warenwirtschaft und Kalkulation

Prüfungsbereich: Wirtschafts- und Sozialkunde

Aufgabe 1 (4 Punkte)
Unter bestimmten Bedingungen sind Rechtsgeschäfte nicht rechtsgültig. Prüfen Sie in den nachfolgenden Fällen, ob das Rechtsgeschäft oder die Willenserklärung

1 anfechtbar,
2 nichtig,
3 gültig
ist.

a Eine Ware, die tatsächlich 299,00 € kostet, wird mit 29,90 € ausgezeichnet. ☐

b Ein Darlehensvertrag eines Vertragspartners wird durch widerrechtliche Drohung erzwungen. ☐

c Der Ausbildungsvertrag einer Auszubildenden wird schriftlich abgeschlossen. ☐

d Ein Rechtsgeschäft wird zum Schein abgeschlossen. ☐

e Ein Verkäufer verkauft einer Kundin wissentlich eine gefälschte Rolex-Uhr als echte Rolex-Uhr. ☐

Aufgabe 2 (4 Punkte)
Welche der unten stehenden Aussagen beschreiben den Begriff „Vertragsfreiheit" im Zusammenhang mit einem der bedeutendsten Verträge, nämlich dem Kaufvertrag?

a Vertragsfreiheit bedeutet, dass alle natürlichen Personen Kaufverträge frei abschließen dürfen. ☐

b Vertragsfreiheit bedeutet, dass Verkäufer und Käufer jeden Vertragspartner frei wählen können. ☐

c Vertragsfreiheit bedeutet, dass die Vertragsparteien ihre Willenserklärung innerhalb einer Woche nach Kaufvertragsabschluss aufheben können. ☐

d Vertragsfreiheit bedeutet, dass die Vertragsparteien wählen können, wann sie ihre abgegebenen Vertragsverpflichtungen erfüllen. ☐

e Vertragsfreiheit bedeutet, dass die Vertragsparteien die Freiheit haben, jede Art von Ware zu kaufen und zu verkaufen. ☐

Aufgabe 3 (4 Punkte)
Bei einem Kaufvertrag kann der Antrag vom Verkäufer oder vom Käufer ausgehen. In welchem der nachfolgenden Fälle geht der Antrag auf Kaufvertragsabschluss vom Verkäufer aus?

a Ein Baumarkt schickt einem Kunden ein Angebot über eine Bohrmaschine. Der Kunde bestellt daraufhin. ☐

b Eine Verkäuferin legt einer Kundin drei Hosen zur Auswahl vor. Die Kundin schaut sich die Hosen an. Sie kann sich aber nicht entscheiden. ☐

c Im Schaufenster ist eine Perlenkette als Einzelstück zu 1.280,00 € ausgezeichnet. Eine Kundin bittet den Verkäufer, die Perlenkette aus dem Schaufenster zu holen. ☐

d Ein Kunde bestellt 25 Liegestühle. Der Einzelhändler liefert sofort und verzichtet auf eine Auftragsbestätigung. ☐

e In einem SB-Warenhaus nimmt ein Kunde aus dem Tiefkühlregal drei Pizzen und legt diese in den Einkaufswagen. ☐

Aufgabe 4 (4 Punkte)
Ist ein Kaufvertrag zwischen dem Kunden und der Beska GmbH zu Stande gekommen, ändern sich für beide Parteien die Eigentumsverhältnisse. In welchem der nachfolgenden Fälle wird der Kunde sofort nach Kaufvertragsabschluss Eigentümer der Ware?

a   Eine Kundin schließt mit dem Juwelier einen Kaufvertrag über einen Brillantring zum Preis von 4.800,00 € ab. Sie bezahlt den vollen Betrag unter Abzug von 2 % Rabatt bar. Der Brillantring liegt nach Änderung (Verkleinerung) in der nächsten Woche zur Abholung bereit. ☐

b   Ein Kunde kauft in einem Haushaltsfachgeschäft unter Eigentumsvorbehalt ein Essbesteck und nimmt dieses sofort mit. Er vereinbart mit dem Verkäufer die Zahlung des Kaufpreises in Raten. ☐

c   Eine Kundin probiert in einer Damenboutique ein Sommerkleid an und entschließt sich zum Kauf. Der Verkäufer packt das Sommerkleid ein und übergibt es der Kundin. Der Verkäufer nimmt das Bargeld entgegen. ☐

d   Ein Kunde kauft einen Ledersessel in einer Sonderfarbe für 1.650,00 €. Die Lieferung soll in 14 Tagen erfolgen. Der Kunde zahlt vor Ort 50 % des Preises mit seiner Kreditkarte an und bezahlt den Rest bar bei Lieferung in 14 Tagen. ☐

e   Eine Kundin kauft auf einem Trödelmarkt eine Uhr. Später stellt sich heraus, dass die Uhr aus einem Einbruch stammt. ☐

Aufgabe 5 (4 Punkte)
Eine 16-jährige Auszubildende kauft ohne das Wissen ihrer Eltern von ihrem Ersparten ein neues Notebook zu 2.300,00 €. Nachdem das Notebook geliefert wurde, teilen die Eltern der Beska GmbH mit, dass sie mit dem Kauf nicht einverstanden sind. Welche der nachfolgenden Aussage über die Gültigkeit des Kaufvertrags trifft zu?

a   Der Kaufvertrag ist gültig, weil die 16-Jährige ihn mit ihrem Ersparten erfüllt hat. ☐

b   Der Kaufvertrag ist gültig, weil die Auszubildende monatlich eine Ausbildungsvergütung erhält. ☐

c   Der Kaufvertrag ist nichtig, weil die Auszubildende noch minderjährig ist. ☐

d   Der Kaufvertrag ist unwirksam, weil die Eltern nachträglich die Genehmigung zum Kauf abgelehnt haben. ☐

e   Der Kaufvertrag ist nichtig, weil die Auszubildende ohne Genehmigung ihrer Eltern einen Kaufvertrag abgeschlossen hat. ☐

Aufgabe 6 (4 Punkte)
Der Kaufvertrag ist sowohl ein Verpflichtungs- als auch ein Erfüllungsgeschäft. Welche der nachfolgenden Handlungen werden dem Verpflichtungsgeschäft zugeordnet?

a   Ein Einzelhändler bestellt seine Ware bei einem Großhändler. Der Großhändler versendet eine Auftragsbestätigung. ☐

b   Ein Großhändler liefert die bestellte Ware bei seinem Einzelhändler aus. ☐

c   Ein Einzelhändler begleicht an den Großhändler seine Rechnung von 2.350,00 €. ☐

d   Ein Großhändler akzeptiert die Anzahlung des Einzelhändlers auf den Kaufpreis. ☐

e   Der Großhändler wird daraufhin Stammlieferant des Einzelhändlers. ☐

Prüfungsbereich: Wirtschafts- und Sozialkunde

Aufgabe 7 (4 Punkte)
Ein Kaufvertrag kommt durch zwei übereinstimmende Willenserklärungen zu Stande. Ordnen Sie zu.

1 Antrag durch den Kunden
2 Antrag durch den Verkäufer
3 Annahme durch den Kunden
4 Annahme durch den Verkäufer
5 weder Antrag noch Annahme

a Ein Einzelhändler stellt in einem Werbebrief ein neues Produkt vor. ☐
b Die Kundin May bestellt dieses Produkt per Telefon. ☐
c Der Einzelhändler bestätigt die Lieferung für den nächsten Tag. ☐
d Der Einzelhändler teilt der Kundin am nächsten Tag mit, dass die Ware erst in einer Woche geliefert werden kann. ☐
e Nach einer Woche überbringt der Zusteller des Einzelhändlers die bestellte Ware der Kundin. ☐

Aufgabe 8 (4 Punkte)
Die Beska GmbH ist verpflichtet, ihren Kunden die verkaufte Ware mangelfrei zu übergeben. Ordnen Sie den unten aufgeführten Situationen die dazugehörigen Mängelarten zu.

1 Qualitätsmängel
2 Montagemängel
3 Quantitätsmängel
4 Falschlieferung

a Ein Großhändler liefert der Beska GmbH T-Shirts mit langem Ärmel anstatt mit kurzem Ärmel. ☐
b Die Tür eines Küchenschranks lässt sich durch falsches Einsetzen des Lieferanten nicht schließen. ☐
c Die von einem Einzelhändler angepriesene wasserdichte Fahrradbekleidung ist undicht. ☐
d Die bestellten Vorhänge in der Länge von 3,00 m werden in 2,50 m geliefert. ☐
e Die als farbecht verkauften Jeanshosen färben beim Waschen aus. ☐

Aufgabe 9 (4 Punkte)
Ein Einzelhandelsunternehmen hat es sich zur Aufgabe gemacht, seine Kunden mit Waren und Dienstleistungen zu versorgen. Welche der folgenden Leistungen erbringt das Einzelhandelsunternehmen in den unten stehenden Beispielen für seine Kunden?

1 Sortimentsfunktion
2 Überbrückungsfunktion (zeitlich)
3 Überbrückungsfunktion (räumlich)
4 Servicefunktion
5 Absatzförderung

a Das Einzelhandelsunternehmen stellt für die Kunden das Warenangebot von verschiedenen Herstellern zusammen. ☐
b Das Einzelhandelsunternehmen erfüllt auch bei sehr hoher Nachfrage das ganze Jahr über die Wünsche seiner Kunden. ☐
c Das Einzelhandelsunternehmen unterstützt durch fachkundige und individuelle Beratung die Kunden bei der Auswahl der Ware. ☐
d Das Einzelhandelsunternehmen macht Produktneuheiten durch den Einsatz verschiedener verkaufsfördernder Maßnahmen bekannt. ☐

Aufgabe 10 (4 Punkte)

Die Beska GmbH ist von der Nachfrage ihrer Kunden abhängig, um Produkte verkaufen zu können. In welchen der nachfolgenden Fälle wird die Nachfrage nach dem jeweiligen Produkt

1 unverändert bleiben?
2 zunehmen?
3 abnehmen?

Nachfrage nach

a ... Krediten für Finanzierungskäufe, wenn die Zinsätze gesunken sind ☐

b ... Sonnenblumenöl bei einer enormen Preiserhöhung für Butterschmalz ☐

c ... Zigaretten bei zu erwartender Preiserhöhung ☐

d ... hochwertigen Drogerieartikeln bei steigender Arbeitslosigkeit ☐

e ... Arzneien bei Erhöhung der Kaffeepreise ☐

Aufgabe 11 (4 Punkte)

Durchweg alle Haushalte und Unternehmen stehen in einem Kreislaufmodell wechselseitig in Beziehung. Der unten abgebildete Wirtschaftskreislauf stellt Güter- und Geldströme zwischen den einzelnen Wirtschaftseinheiten dar.

Zu welchen dieser Geld- oder Güterströme gehören die nachfolgenden Vorgänge?

a Ein Einzelhändler liefert Ware an seine Kunden. ☐

b Ein Einzelhändler begleicht seine monatliche Ladenmiete per Dauerauftrag. ☐

c Ein Kunde holt seine georderte Ware selbst beim Einzelhändler ab. ☐

d Eine Verkäuferin arbeitet als Erstverkäuferin in einem Warenhaus. ☐

e Ein Kunde bezahlt seine Ware bargeldlos mit EC-Karte. ☐

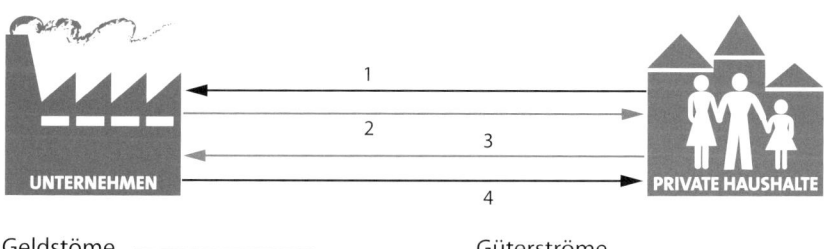

Geldstöme ——————   Güterströme ——————

Aufgabe 12 (4 Punkte)

Grundlage für jede Produktion sind Arbeit, Boden und Kapital, welche als Produktionsfaktoren bezeichnet werden. Bei welchen der nachfolgenden Fälle wird der Produktionsfaktor

1 Arbeit,
2 Boden,
3 Kapital

angesprochen?

a Der Personalchef führt mit einem Bewerber ein Einstellungsgespräch. ☐

b Die Verkaufsräume eines Supermarktes erhalten neue Warenträger. ☐

c Der Warenbestand eines Papierlagers wird durch Wasserschaden vernichtet. ☐

d Ein Hobby- und Baumarkt erwirbt ein Grundstück für den Bau einer Lagerhalle. ☐

e In einem Fachgeschäft wird die bestellte Weihnachtsware angeliefert. ☐

Aufgabe 13 (4 Punkte)
Um dem zunehmenden Konkurrenzdruck auf dem Markt standhalten zu können, schließen sich selbstständige Einzelhandelsunternehmen einer Einkaufsorganisation an. Welcher Vorteil ergibt sich daraus für den Einzelhändler?

a Der Einzelhändler braucht für die Warenlieferungen keine Bezugskosten zu bezahlen. ☐

b Der Einzelhändler muss für die Warenlieferungen nur den Nettorechnungsbetrag überweisen. ☐

c Der Einzelhändler kann alle nicht verkauften Waren an die Einkaufsorganisation zurücksenden. ☐

d Der Einzelhändler hat günstigere Warenbeschaffungskosten. ☐

e Für den Einzelhändler entfallen sämtliche Werbungskosten. ☐

Aufgabe 14 (4 Punkte)
Der Auszubildende Harry Schreiner besteht am 24. Juli die Abschlussprüfung zum Verkäufer. Die vertragliche Ausbildungszeit endet am 31. Juli. Die Beska GmbH beschäftigt Harry Schreiner seit dem 25. Juli als Verkäufer in der Heimwerkerabteilung.

Von welchem Kalenderdatum an hat Harry Schreiner Anspruch auf ein Angestelltengehalt?

a 26. Juli; Unterzeichnung des Arbeitsvertrags als Angestellter ☐

b 24. Juli; bestandene Abschlussprüfung als Verkäufer ☐

c 30. Juli; Ende der Berufsausbildung laut Ausbildungsvertrag ☐

d 25. Juli; Weiterbeschäftigung im Ausbildungsbetrieb, Heimwerkerabteilung ☐

e 1. August; Weiterbeschäftigung als angestellter Verkäufer ☐

Aufgabe 15 (4 Punkte)
Bei der Beska GmbH sind Mitarbeiter mit nachstehender Altersstruktur angestellt:

 7 Mitarbeiter im Alter von 16 bis unter 18 Jahren, davon 4 Auszubildende
10 Mitarbeiter im Alter von 18 bis unter 25 Jahren, davon 3 Auszubildende
22 Mitarbeiter im Alter von 25 bis unter 40 Jahren
19 Mitarbeiter im Alter von 40 bis unter 50 Jahren
 5 Mitarbeiter im Alter von 50 bis unter 65 Jahren

a Wie viele Mitarbeiter sind bei der Wahl des Betriebsrats wahlberechtigt? ☐☐ Mitarbeiter

b Wie viele Mitarbeiter sind bei der Wahl der Jugend- und Auszubildendenvertretung wahlberechtigt? ☐☐ Mitarbeiter

Aufgabe 16 (4 Punkte)
Welche der folgenden Abgaben muss die Beska GmbH alleine tragen?

a Beitrag zur gesetzlichen Rentenversicherung ☐

b Lohnsteuer ☐

c Kirchensteuer ☐

d Beitrag zur gesetzlichen Unfallversicherung ☐

e Beitrag zur gesetzlichen Arbeitslosenversicherung ☐

Aufgabe 17 (4 Punkte)
Die folgenden Sachverhalte betreffen das Beschäftigungsverhältnis der Angestellten bei der Beska GmbH. Welche Sachverhalte sind

1. im Manteltarifvertrag
2. im Lohn- und Gehaltstarif
3. in einer Betriebsvereinbarung
4. im Arbeitsvertrag

geregelt? Ordnen Sie zu.

a maximale Dauer der Probezeit ☐

b Urlaubsansprüche der einzelnen Angestellten ☐

c Eingruppierung der Angestellten nach Betriebszugehörigkeit ☐

d wöchentliche Arbeitszeit ☐

e Umsatzprovisionen ☐

f Höhe des Angestelltengehalts im 1. Jahr nach der Ausbildung ☐

g Einführung eines Jobtickets ☐

Aufgabe 18 (4 Punkte)
Welche zwei der folgenden Abgaben trägt allein der Arbeitnehmer?

a Lohnsteuer ☐

b Unfallversicherung ☐

c Kirchensteuer ☐

d Krankenversicherungsbeitrag ☐

e Pflegeversicherungsbeitrag ☐

f Rentenversicherungsbeitrag ☐

g Arbeitslosenversicherungsbeitrag ☐

Aufgabe 19 (4 Punkte)
Welche der nachfolgenden Ausführungen zur gesetzlichen Unfallversicherung ist richtig?

a Die Beitragshöhe orientiert sich am Wareneinsatz des Unternehmens. ☐

b Die Beiträge teilen sich Arbeitgeber und Arbeitnehmer je zur Hälfte ☐

c Die Unfallversicherung übernimmt finanzielle Leistungen bei Unfallfolgen. ☐

d Träger der gesetzlichen Unfallversicherung sind die Sozialämter. ☐

e Die Unfallversicherung kommt auch für die Kosten auf, die im Zusammenhang mit Unfällen in der Freizeit entstehen. ☐

Aufgabe 20 (4 Punkte)
Bei welchem der nachstehenden Vorfälle ist die Berufsgenossenschaft Handel und Warendistribution leistungspflichtig?

a Eine Auszubildende erleidet auf dem Weg zur Tanzschule einen Verkehrsunfall. ☐

b Eine Mitarbeiterin verletzt sich auf dem direkten Weg zwischen Wohnung und Ladenlokal. ☐

c Ein Kunde schneidet sich an einem scharfkantigen Verkaufsregal. ☐

d Ein Verkäufer leidet an starkem Heuschnupfen und muss eine Desensibilisierung durchführen lassen. ☐

e Ein Lieferant stolpert bei einer Warenanlieferung an der Laderampe und verstaucht sich dabei den linken Fuß. ☐

Aufgabe 21 (4 Punkte)
Welche der nachfolgenden Ausführungen zur Sozialversicherung ist richtig?

a Unterhalb der Beitragsbemessungsgrenze besteht in allen Zweigen der Sozialversicherung keine Versicherungspflicht. ☐

b Pflichtleistungen aus der Sozialversicherung sind gesetzlich geregelt. ☐

c Die Höhe der Beiträge ist abhängig von der Höhe der Lohnsteuer. ☐

d Die Mitgliedschaft ist für Mitarbeiter grundsätzlich freiwillig. ☐

e Die Träger der Sozialversicherung müssen Gewinn erwirtschaften. ☐

Aufgabe 22 (4 Punkte)
Man spricht im Rahmen der sozialen Absicherung von den fünf Säulen des Sozialstaates und meint damit die fünf Sozialversicherungen. Welche zwei der folgenden Versicherungen gehören nicht dazu?

a gesetzliche Pflegeversicherung ☐

b Risiko-Lebensversicherung ☐

c gesetzliche Krankenversicherung ☐

d Arbeitslosenversicherung ☐

e Unfallversicherung ☐

f Rentenversicherung ☐

g Haftpflichtversicherung ☐

Aufgabe 23 (4 Punkte)
Welche der folgenden Aussagen über das Umweltzeichen „Blauer Engel" ist richtig?

a   Die Ware ist auf Haltbarkeit und Sicherheit außerordentlich begutachtet worden. ☐

b   Die Sicherheit des Produkts ist vom TÜV geprüft. ☐

c   Die Verpackung des Produkts ist mit einem grünen Punkt versehen. ☐

d   Das Produkt wird nach Benutzung mit Hilfe des Dualen Systems entsorgt. ☐

e   Die Ware oder Dienstleistung ist bei Herstellung und Gebrauch besonders umweltfreundlich. Der Grund hierfür ist im Zeichen angegeben. ☐

Aufgabe 24 (4 Punkte)
Welche der folgenden Aussagen über Notausgänge ist unter Berücksichtigung der Unfallverhütungsvorschriften richtig?

a   Notausgänge müssen nur vorhanden sein, wenn im entsprechenden Raum Gefahrengut gelagert wird. ☐

b   Wenn Notausgänge von innen mit einer Türklinke leicht zu öffnen sind, können sie von außen verschlossen sein. ☐

c   Notausgänge können von innen geschlossen sein, wenn die Öffner griffbereit verwahrt werden. ☐

d   Notausgänge brauchen nicht benannt zu werden, wenn die Mitarbeiter eingeweiht sind. ☐

e   Die zu Notausgängen führenden Rettungswege können kurzfristig als Abstellraum benutzt werden. ☐

Aufgabe 25 (4 Punkte)
Welche der folgenden Aussagen sind hinsichtlich der Kennzeichnung von Verpackungen mit dem grünen Punkt zutreffend?

a   Verpackungen, die den grünen Punkt tragen, belasten die Umwelt nicht. ☐

b   Der Einzelhändler geht davon aus, dass Verpackungen, die mit dem grünen Punkt gekennzeichnet sind, nach Gebrauch zu ihm zurückgebracht werden. ☐

c   Es besteht ein Zwangspfand von 0,25 € für Verpackungen mit dem grünen Punkt. ☐

d   Der grüne Punkt bedeutet, dass der Hersteller der Ware am Dualen System beteiligt ist. ☐

e   Verpackungen mit dem grünen Punkt werden nach dem Gebrauch im Restmüll entsorgt. ☐

Prüfungsbereich: Wirtschafts- und Sozialkunde

Prüfung 3
Prüfungsbereich: Verkauf und Werbemaßnahmen

Aufgabe 1 (10 Punkte)

Sie arbeiten als Verkäufer im Warenhaus der Beska GmbH. Es ist Donnerstagnachmittag und Sie sind zusammen mit Jan Meier an zwei Kassen eingesetzt. Allerdings erlaubt es die Kundenfrequenz, dass eine Kasse geschlossen wird, damit Jan Meier in die noch ausstehende Pause gehen kann.

Sie sprechen sich mit Jan Meier ab, dieser beginnt mit der Kassenabrechnung und sagt zu dem nächsten Kunden, der an seiner Kasse angestanden hat: *„Pech gehabt, ich mach die Kasse zu, ich habe jetzt zum Glück Pause!"*
Kunde: *„Das ist ja wohl eine Unverschämtheit. Was fällt Ihnen ein, ausgerechnet jetzt die Kasse zu schließen? Sie sehen doch, was hier los ist!"*

Anschließend sprechen Sie Jan Meier auf diese Situation an. Er versteht nicht, warum der Kunde so gereizt reagiert hat.

Erläutern Sie Jan Meier mit Hilfe des Kommunikationsmodells von Schulz von Thun, wieso es hier in dieser Situation zu einer Kommunikationsstörung gekommen ist. Gehen Sie in Ihrer Analyse auf die vier Ebenen einer Nachricht ein.

Aufgabe 2 (16 Punkte)

Sie sind Verkäufer im Warenhaus der Beska GmbH und nehmen an der Konferenz zur Planung der Marketingaktivitäten für das kommende Geschäftsjahr teil. In der Konferenz werden Sie aufgefordert, im Rahmen eines Brainstormings mögliche Anlässe zu nennen, zu denen die Beska GmbH eine Verkaufsaktion planen könnte.

a Nennen Sie vier mögliche Anlässe für eine Verkaufsaktion und zu jedem Anlass eine passende Warengruppe, die bei dieser Verkaufsaktion im Vordergrund stehen soll. (**8 Punkte**)

b Die Beska GmbH möchte für die neu entwickelten Verkaufsaktionen auch gleich einen Werbeplan aufstellen. Unter anderem müssen hierfür auch Angaben zu
- Streukreis,
- Streugebiet,
- Streuzeit,
- Werbemittel,
- Werbeträger

gemacht werden.

Erläutern Sie kurz die fünf Begriffe des Werbeplans und nennen Sie für jeden Begriff ein passendes Beispiel für eine Verkaufsaktion, die Sie unter **a** genannt haben. (**8 Punkte**)

Prüfungsbereich: Verkauf und Werbemaßnahmen

Aufgabe 3 (15 Punkte)
Das Wort Service stammt aus dem Englischen und bedeutet Unterstützung, Dienstleistung, Kundendienst. Serviceleistungen und Kundendienst sind der Beska GmbH äußerst wichtig.

a Was verstehen Sie unter dem Begriff Kundendienst? **(4 Punkte)**

b Nennen Sie fünf verschiedene Kategorien von Serviceleistungen. **(5 Punkte)**

c Erläutern Sie zwei Serviceleistungen Ihrer Wahl. **(6 Punkte)**

Aufgabe 4 (15 Punkte)
Nachdem für die Beska GmbH aufgrund einer mangelhaften Lieferung bereits zwei erfolglose Nachbesserungsversuche durchgeführt worden sind, will sie nun auf ihre nachrangigen Rechte zurückgreifen. Erläutern Sie alle nachrangigen Rechte und eventuelle Voraussetzungen, die der Beska GmbH nun zur Verfügung stehen.

Prüfungsbereich: Verkauf und Werbemaßnahmen

Aufgabe 5 (19 Punkte)
Das Warenhaus Beska GmbH hat folgende Warengruppen im Sortiment:
- Körperpflege
- Bürobedarf
- Lederwaren
- Textilwaren
- Spielwaren
- Werkzeug
- Uhren/Schmuck
- Haushaltswaren
- Lebensmittel

a Erläutern Sie die Begriffe Sortimentstiefe und Sortimentsbreite am Beispiel der Beska GmbH. **(4 Punkte)**

b Erläutern Sie die Begriffe
- Kernsortiment,
- Randsortiment,
- Saisonsortiment

jeweils an einer Abteilung/Warengruppe der Beska GmbH. **(6 Punkte)**

c Die Beska GmbH verwendet in ihren unterschiedlichen Abteilungen die drei Verkaufsformen Bedienung, Vorwahl und Selbstbedienung.
Erläutern Sie diese drei Verkaufsformen und ordnen Sie die jeweiligen Verkaufsformen begründet einer Abteilung/Warengruppe der Beska GmbH zu. **(9 Punkte)**

Aufgabe 6 (10 Punkte)
Bei der Beska GmbH werden zurzeit neue, besonders leistungsfähige Kassenterminals installiert, die insbesondere die Zahlung mit kartengestützten Systemen vereinfachen werden. Nennen Sie fünf Vorteile, die die Zahlung mit kartengestützten Systemen für Einzelhändler und Kunden bietet.

Prüfungsbereich: Verkauf und Werbemaßnahmen

Aufgabe 7 (15 Punkte)
Unterscheiden Sie bei der Bezahlung von Waren:

a die SEPA-Überweisung **(5 Punkte)**

b Electronic Cash **(5 Punkte)**

c das SEPA-Lastschriftverfahren (Einzugsermächtigung) **(5 Punkte)**

Prüfungsbereich: Warenwirtschaft und Kalkulation

Aufgabe 1 (4 Punkte)
Mit Hilfe eines Warenwirtschaftssystems hat der Einzelhändler die Möglichkeit, …

a … Kundendaten sorgfältig zu schützen. ☐

b … Lagerbestände fortlaufend zu überwachen. ☐

c … Marktforschung intensiv zu betreiben. ☐

d … die Warenannahme ordnungsgemäß zu prüfen. ☐

e … Reklamationen kundenfreundlich abzuwickeln. ☐

Aufgabe 2 (4 Punkte)
Sie planen eine Erweiterung Ihres Sortiments. Wie gehen Sie bei der Auswahl eines geeigneten Lieferanten vor? Bringen Sie die folgenden Tätigkeiten durch die Zuordnung der Ziffern 1 bis 5 in die richtige Reihenfolge:

a Sie sehen in der Liefererdatei nach, ob ein bisheriger Lieferant dieses Sortiment anbietet. ☐

b Sie vergleichen die Angebote. ☐

c Sie ermitteln andere Bezugsquellen im Internet. ☐

d Sie entscheiden sich für einen Lieferanten. ☐

e Sie richten Anfragen an verschiedene Anbieter. ☐

Aufgabe 3 (4 Punkte)
Sie haben Waren bei einem neuen Lieferanten bestellt. Zur Vervollständigung des Warenwirtschaftssystems wird ein Stammblatt über den neuen Lieferanten angelegt. Welche Aufgabe ist in diesem Zusammenhang noch zu erledigen?

a Die Kundendatei muss ergänzt werden. ☐

b Alle Angebote des Lieferanten werden als Aufträge erfasst. ☐

c Die eigene Kundennummer wird in die Lieferantendatei eingetragen. ☐

d Die neuen Bestände müssen in der Lagerdatei erfasst werden. ☐

e Die Wareneingangsdatei muss geändert werden. ☐

Aufgabe 4 (4 Punkte)
Alle Artikel des neuen Lieferanten sind mit einem GTIN-Code versehen. Welche Aussage über die GTIN ist richtig?

a Die GTIN ermöglicht einen Austausch von Artikeldaten zwischen Hersteller und Einzelhändler. ☐

b Die GTIN vergibt der Hersteller individuell für jede Artikelvariante. ☐

c Die GTIN muss vom Hersteller als Strichcode auf den Verpackungen angebracht werden. ☐

d Die GTIN enthält betriebswirtschaftliche Daten über den Lieferanten. ☐

e Die GTIN muss 13-stellig ausgewiesen werden. ☐

Aufgabe 5 (4 Punkte)
Handelt es sich bei folgenden Angaben aus einer Lieferantendatei um Stammdaten oder Bewegungsdaten? Ordnen Sie durch Ankreuzen zu.

	Stammdaten	Bewegungsdaten
Lieferantennummer		
Bestellmengen		
Lieferantenadresse		
empfohlene Verkaufspreise		
Warenart		

Aufgabe 6 (4 Punkte)
Sie sollen für einen bereits geführten Artikel die optimale Bestellmenge für das nächste Quartal ermitteln. Welche Daten aus dem Vorjahresquartal ziehen Sie dafür heran?

a den durchschnittlichen Lagerbestand ☐
b die Kundenfrequenz ☐
c die bei dem Lieferanten bestellte Menge ☐
d die artikelgenaue Absatzmenge ☐
e den durchschnittliche Umsatz pro Kunde ☐

Situation zu den Aufgaben 7 – 8
Die neue Ware ist angeliefert worden. Sie überprüfen die Ware anhand des abgebildeten Lieferscheins.

Großhandel Alfredo Ludovici OHG

Großhandel Alfredo Ludovici OHG
Alles Für die Reise
Messeschnellweg 112
30519 Hanover

Berliner Superkauf GmbH
Tauentzienstr. 60
10789 Berlin

Lieferschein Nr. 286

Bearbeiter	Kundennummer *1948*	Ihre Bestellung Nr.	vom *22.10.20XX*	Datum *26.10.20XX*
Versandart/Freivermerk		Verpackungsart		

Pos.-Nr.	Artikel-Nr.	Warenbezeichnung	Menge	Mengeneinheit
	666	*Hartschalenkoffer Besttravel*	*20*	

Aufgabe 7 (4 Punkte)
Wie verhalten Sie sich richtig?

Bei Annahme der Ware …

a … prüfen Sie, ob die Beschaffenheit der einzelnen Koffer einwandfrei ist. ☐

b … kontrollieren Sie, ob der Lieferer den zugesicherten Rabatt gewährt hat. ☐

c … untersuchen Sie, ob die Transportverpackung Schäden aufweist. ☐

d … öffnen Sie vorsichtig die einzelnen Verpackungen. ☐

e … quittieren Sie schnell den Empfang der Ware. ☐

Aufgabe 8 (4 Punkte)
Nach den rechtlichen Vorschriften sind Sie bei der Warenannahme verpflichtet, die Ware rechtzeitig zu prüfen. Die Koffer sind um 9.30 Uhr angeliefert worden. Wann müssen Sie die Prüfung vornehmen?

a bei der Umlagerung vom Reserve- in das Verkaufslager nach zwei Tagen ☐

b am nächsten Tag nach Wareneingang ☐

c beim Auszeichnen der Ware ☐

d stichprobenartig in Anwesenheit des Fahrers ☐

e unverzüglich ohne schuldhafte Verzögerung ☐

Situation zu den Aufgaben 9–12
Bevor die Ware in das Verkaufslager eingeräumt wird, legen Sie in der Artikeldatei für den „Hartschalenkoffer Besttravel" folgendes Stammblatt an:

Artikelstammblatt vom 26.10.20XX	
Artikel-Nr. 666 Hartschalenkoffer Besttravel	
Bestand: 22 Bestellte Menge: 0	Warengruppe 03
Lieferanten-Artikel-Nr.: 9100 Lieferanten-Nr.: 2403	Warenwert: 2.640,00 € Mindestbestand: 2 Stück Meldebestand: 4 Stück
Großhandel Alfredo Ludovici Messeschnellweg 112 30519 Hannover	

Aufgabe 9 (4 Punkte)
Die gelieferte Menge (20 Stück) stimmt mit der in der Artikeldatei erfassten Menge nicht überein. Welche Auswirkung hat dieser Fehler?

a Der Istbestand ist um zwei Stück größer als der Sollbestand. ☐

b Der Eingabefehler wird vom Warenwirtschaftssystem automatisch korrigiert. ☐

c Der Meldebestand wird automatisch verändert. ☐

d Der Sollbestand muss um zwei Stück erhöht werden. ☐

e Der Meldebestand wird vom Warenwirtschaftssystem zu spät angezeigt. ☐

Prüfungsbereich: Warenwirtschaft und Kalkulation

Aufgabe 10 (4 Punkte)
Bei der Warenprüfung haben Sie an einem Koffer mehrere tiefe Kratzer entdeckt. Sie beanstanden diesen erheblichen Mangel beim Lieferanten rechtzeitig. Welche Art von Mangel liegt vor?

a   Qualitätsmangel (falsche Ausführung)   ☐

b   Falschlieferung   ☐

c   Zuweniglieferung   ☐

d   Mangel in der Beschaffenheit   ☐

e   versteckter Mangel   ☐

Aufgabe 11 (4 Punkte)
Welches Recht können Sie in dem in Aufgabe 10 beschriebenen Fall geltend machen, wenn keine vertragliche Regelung vorliegt?

a   Sie senden den Koffer zurück und erhalten die Erstattung des Kaufpreises.   ☐

b   Sie mindern den Kaufpreis für den Koffer um 50 Prozent.   ☐

c   Sie veranlassen die Lieferung einwandfreier Ware.   ☐

d   Sie senden den Koffer zurück und fordern vom Lieferer Schadensersatz für den entgangenen Gewinn.   ☐

e   Sie haben kein Vertrauen mehr in die Qualität der Ware und verlangen vom Lieferanten die Rücknahme aller gelieferten Koffer.   ☐

Aufgabe 12 (4 Punkte)
Sie einigen sich mit dem Lieferanten auf die Rücksendung des Koffers gegen Erstattung des Kaufpreises. Welche der folgenden aufgeführten Positionen in der Artikeldatei müssen Sie ändern?

a   Artikelnummer des Lieferanten   ☐

b   bestellte Menge   ☐

c   Mindestbestand   ☐

d   Meldebestand   ☐

e   Bestand   ☐

Situation zu den Aufgaben 13–21

Im Monat Dezember liegen Ihnen folgende Daten vor:

	Hartschalenkoffer Besttravel
Anfangsbestand in Stück am 01.12.20XX	4
Einkäufe in Stück	18
Rücksendung an den Lieferant in Stück	1
Bezugspreis pro Stück in Euro	120,00
Endbestand in Stück am 31.12.20XX	2
Handelsspanne in %	
Bruttoverkaufspreis in Euro	238,00

Aufgabe 13 (4 Punkte)
Bei der Kalkulation des Bezugspreises wurden ein Skonto von 3% und Bezugskosten in Höhe von 2,80 €/Stück berücksichtigt. Welche Auswirkung hat die Berücksichtigung des Skonto?

a Die Handlungskosten vermindern sich um 3%. ☐

b Die Bezugskosten vermindern sich um 3%. ☐

c Vom Zieleinkaufspreis werden 3% abgezogen. ☐

d Der Bezugspreis vermindert sich um 3%. ☐

e Der Gewinn erhöht sich um 3%. ☐

Aufgabe 14 (4 Punkte)
Wie hoch ist der Nettoverkaufspreis bei einem Umsatzsteuersatz von 19%? ☐☐☐,☐☐ €

Nebenrechnungen:

Aufgabe 15 (4 Punkte)
Mit welcher Handelsspanne ist der Koffer kalkuliert worden? ☐☐ %

Nebenrechnungen:

Aufgabe 16 (4 Punkte)
Wie viele Hartschalenkoffer Besttravel sind im Monat Dezember verkauft worden? ☐☐ Stück

Nebenrechnungen:

Aufgabe 17 (4 Punkte)
Wie viel Euro beträgt der Bruttoumsatz für die Hartschalenkoffer im Monat Dezember? ☐.☐☐☐,☐☐ €

Nebenrechnungen:

Aufgabe 18 (4 Punkte)
Ermitteln Sie den Wareneinsatz für die Hartschalenkoffer im Monat Dezember. ☐.☐☐☐,☐☐ €

Nebenrechnungen:

Aufgabe 19 (4 Punkte)
Wie viel Euro beträgt der Rohgewinn aus dem Verkauf der Hartschalenkoffer im Monat Dezember? ☐.☐☐☐,☐☐ €

Nebenrechnungen:

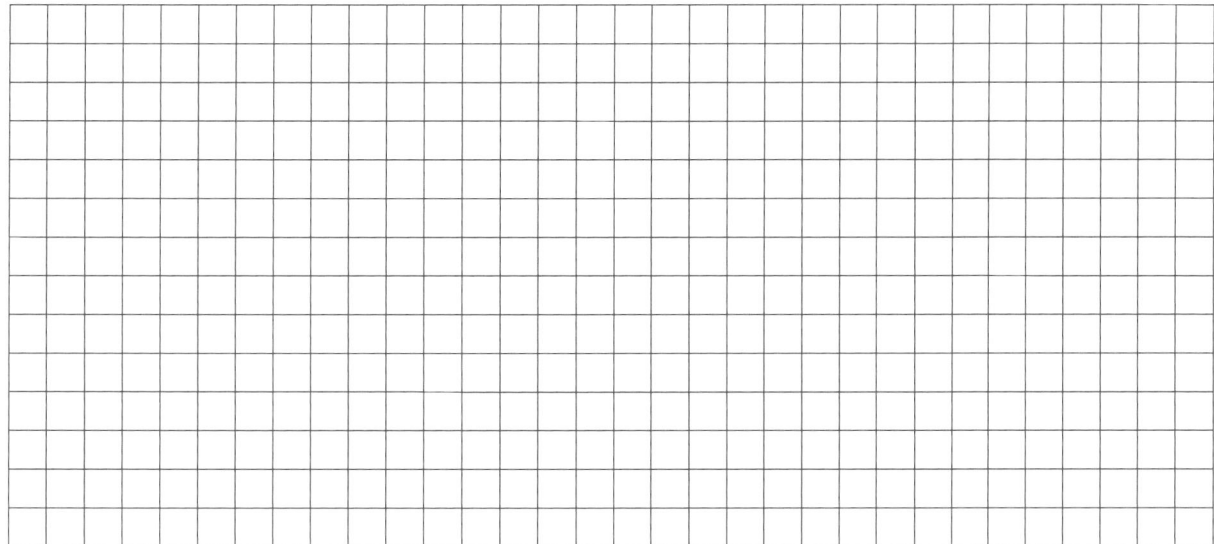

Aufgabe 20 (4 Punkte)
Der Bezugspreis für die Hartschalenkoffer erhöht sich im März des Folgejahres um 5 %. Kalkulieren Sie den Bruttoverkaufspreis/Stück bei gleich bleibender Handelsspanne. ☐☐☐,☐☐ €

Nebenrechnungen:

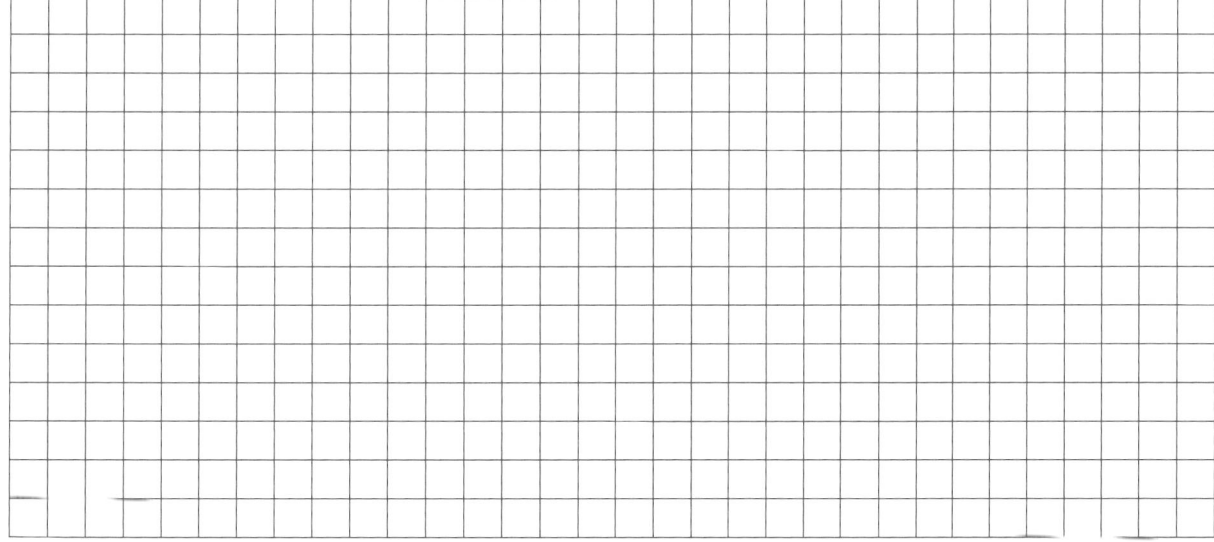

Aufgabe 21 (4 Punkte)
Mit welcher Maßnahme können Sie die Umschlagshäufigkeit für die Artikelgruppe Reisegepäck bei gleich bleibendem Wareneinsatz erhöhen?

a Sie bestellen größere Mengen. ☐

b Sie verzichten auf die Werbung in der Tageszeitung. ☐

c Sie entlassen einen Mitarbeiter im Lager. ☐

d Sie senken den durchschnittlichen Lagerbestand. ☐

e Sie erhöhen den Mindestbestand. ☐

Prüfungsbereich: Warenwirtschaft und Kalkulation

Situation zu den Aufgaben 22–25
Ihnen liegt folgende unvollständige Bilanz vor:

Aktiva	Bilanz zum 31. Dezember 20XX		Passiva
Grundstücke mit Gebäuden	210.000,00 €	Eigenkapital	
Fuhrpark	72.000,00 €	Darlehensschulden	
Geschäftsausstattung	290.000,00 €	Verbindlichkeiten aus Lieferungen und Leistungen	95.000,00 €
Waren	380.000,00 €		
Forderungen aus Lieferung und Leistungen	15.000,00 €		
Bankguthaben	8.100,00 €		
Kassenbestand	48.000,00 €		
	1.023.100,00 €		

Aufgabe 22 (4 Punkte)
Das Fremdkapital beträgt 45 % der Bilanzsumme. Berechnen Sie die Höhe der Darlehensschulden.

☐☐☐.☐☐☐,☐☐ €

Nebenrechnungen:

Aufgabe 23 (4 Punkte)
Berechnen Sie die Höhe des Eigenkapitals. ☐☐☐.☐☐☐,☐☐ €

Nebenrechnungen:

Aufgabe 24 (4 Punkte)
Ermitteln Sie den prozentualen Anteil des Umlaufvermögens am Gesamtvermögen
(Ergebnis auf zwei Stellen hinter dem Komma runden). ☐☐,☐☐ %

Nebenrechnungen:

Aufgabe 25 (4 Punkte)
Welche Aussage über das Umlaufvermögen ist richtig?

a Das Umlaufvermögen sollte kleiner sein als das Anlagevermögen. ☐

b Das Kassenterminal zählt zum Umlaufvermögen. ☐

c Das Umlaufvermögen ist für den Einzelhändler wichtig, um Gewinne zu erzielen. ☐

d Das Umlaufvermögen ist in der Bilanz nach der Wertigkeit geordnet. ☐

e Das Umlaufvermögen in oben genannter Bilanz beträgt 572.000,00 €. ☐

Prüfungsbereich: Warenwirtschaft und Kalkulation

Prüfungsbereich: Wirtschafts- und Sozialkunde

Aufgabe 1 (4 Punkte)
Die gesamte Volkswirtschaft eines Staates kann in folgende Wirtschaftsbereiche eingeteilt werden:

1 private Haushalte
2 Unternehmen
3 Staat
4 Ausland

Tragen Sie die zutreffende Ziffer des jeweiligen Wirtschaftsbereichs bei den folgenden Wirtschaftssubjekten in das entsprechende Kästchen ein:

a Volkswagenwerke AG ☐

b Rolls Royce Motor Cars, Goodwood, Great Britain ☐

c Stadt Bonn ☐

d Familie Meier ☐

Aufgabe 2 (4 Punkte)
Von einem wirtschaftlichen Bedürfnis spricht man, wenn …

a … der Arbeitnehmer am Kiosk eine Zeitung kauft. ☐

b … Frau Müller gerne in Urlaub fahren möchte. ☐

c … der Angestellte Herr Lehmann im Internet ein neues Paar Schuhe kauft. ☐

d … die Auszubildende Mareike von Robbie Williams schwärmt. ☐

e … der Unternehmer Reinhard nach dem Dienstschluss ins Fitness-Center geht. ☐

f … der Auszubildende Hugo Samstag mit der Straßenbahn in die Disko fährt. ☐

Aufgabe 3 (4 Punkte)
Unterscheiden Sie

1 Konsumgüter,
2 Produktionsgüter,
3 Verbrauchsgüter,
4 Gebrauchsgüter,

indem Sie für jedes Gut jeweils zwei zutreffende Ziffern in die Kästchen eintragen.

a Schlüsseltasche für den Ladenschlüssel ☐☐

b Tiefkühlgerät im Haushalt der Familie Müller ☐☐

c Kopierpapier im Unternehmen Beska GmbH ☐☐

d Mineralwasser, das die Auszubildende sonntags bei der Erledigung der Hausaufgaben für die Berufsschule trinkt ☐☐

e Büroklammern, mit denen bei der Beska GmbH die Kaufbelege mit den Belegen über die Kartenzahlung zusammengeheftet werden ☐☐

f zehn Bildschirme für das Inhouse-TV der Beska GmbH ☐☐

Aufgabe 4 (4 Punkte)
Kennzeichnen Sie die Fälle, in denen nach

- dem Minimalprinzip gearbeitet wird, mit einer 1.
- dem Maximalprinzip gearbeitet wird, mit einer 9.

Ein Einzelhändler …

a … ersetzt die Tiefkühltruhen durch Tiefkühlschränke, um Stromkosten zu sparen. ☐

b … bewirbt das neue Tafelgeschirr mit 5.000 Euro, weil er möglichst viele Services verkaufen möchte. ☐

c … empfiehlt dem Verkaufsfahrer, nicht zu viel Gas zu geben, um auf diese Weise Benzinkosten zu sparen. ☐

d … hält sein Geschäft werktags 24 Stunden geöffnet. ☐

Aufgabe 5 (4 Punkte)
Um welche Verträge handelt es sich bei den unten stehenden Beschreibungen? Tragen Sie die Ziffer der zutreffenden Vertragsart hinter der jeweiligen Beschreibung ein.

Vertragsarten:
1 Ausbildungsvertrag
2 Kreditvertrag
3 Kaufvertrag
4 Mietvertrag

a Die Vertragspartner vereinbaren, eine bestimmte Ware gegen eine vereinbarte Eurosumme auszutauschen. ☐

b Ein Vertragspartner verpflichtet sich, eine bestimmte Eurosumme nach einem halben Jahr einschließlich der Zinsen zurückzuzahlen. ☐

c Vertragsgegenstand ist eine Wohnung, die einer der Vertragspartner gegen Zahlung einer bestimmten Summe als Wohnung nutzen kann. ☐

d Dieser Vertrag legt fest, dass der eine Vertragspartner nur bei außergewöhnlichen Gründen kündigen kann und der andere Vertragspartner eine Kündigungsfrist von vier Wochen hat. ☐

Aufgabe 6 (4 Punkte)
Kennzeichnen Sie die folgenden Rechtsgeschäfte mit

- einer 1, wenn sie nichtig sind.
- einer 9, wenn sie anfechtbar sind.

a Der Kaufvertrag über eine Wiese wird nur per Handschlag besiegelt. ☐

b Der Verkäufer weiß, dass die Vase, von der er dem Kunden berichtet hat, sie sei aus dem 17. Jahrhundert, aus dem 19. Jahrhundert stammt. ☐

c Der Einzelhändler verkauft dem 14-jährigen Jürgen ein Flasche Wodka. ☐

d Die Auszubildende Silke nennt dem Kunden aus Versehen einen Preis von 119 €, obwohl das Produkt 199 € kostet. ☐

Prüfungsbereich: Wirtschafts- und Sozialkunde

Aufgabe 7 (4 Punkte)
Prüfen Sie die folgende Zeitungsannonce:

Kreuzen Sie danach die zutreffende Aussage an:

Die Annonce entspricht der Preisangabenverordnung, weil

a ... der Artikel eindeutig genannt wird. ☐

b ... der Preis in Euro angegeben ist. ☐

Die Annonce entspricht nicht der Preisangabenverordnung, weil

c ... der Nettopreis in Euro angegeben ist. ☐

d ... nicht erkennbar ist, zu welchem Preis die Platzteller zu kaufen sind. ☐

Aufgabe 8 (4 Punkte)
Wenn der Einzelhändler Ware geliefert bekommt, sind noch in Anwesenheit des Anlieferers bestimmte Dinge zu prüfen. Bestimmen Sie die zu prüfenden Faktoren und bringen Sie sie in die richtige Reihenfolge. Die bei der Anlieferung nicht sofort zu prüfenden Faktoren versehen Sie mit einer 9.

a Stimmt die Anzahl der gelieferten Stücke mit der Bestellung überein? ☐

b Ist die Anzahl der Packstücke die gleiche wie auf dem Lieferschein? ☐

c Sind die gelieferten Artikel ohne Mängel? ☐

d Ist die Adresse auf dem Lieferschein die meines Geschäftes? ☐

e Sind die Packstücke ohne äußeres Zeichen einer Beschädigung? ☐

f Passt die neue Lieferung noch in mein Lager? ☐

Aufgabe 9 (4 Punkte)
Sie haben einem Kunden am 08. März einen Artikel verkauft. Er kommt heute, am 14. März, zu Ihnen und stellt fest, dass er das gleiche Stück doch lieber in einer anderen Farbe haben möchte. Kreuzen Sie an, welche der folgenden Aussagen der Rechtslage entspricht:

a Der Kaufvertrag wurde am 08. März abgeschlossen und deshalb besteht auch kein Recht auf einen Umtausch. ☐

b Ein Recht auf Umtausch besteht grundsätzlich nie. ☐

c In diesem Fall hat der Kunde ein Umtauschrecht, weil es ihm bei Vertragsabschluss zugesichert wurde. ☐

d Gegebenenfalls muss die Beska GmbH dem Kunden auch den Kaufpreis erstatten, weil das laut BGB dem Kunden in den ersten 6 Monaten nach dem Kauf zusteht. ☐

Aufgabe 10 (4 Punkte)
Der Umsatz eines Einzelhändlers läuft schlecht. Er überlegt, wie er den Umsatz ankurbeln kann, und schaltet schließlich eine Zeitungsannonce mit dem Text:

Wenn dadurch der Umsatz gesteigert werden konnte, soll das Geschäft weitergeführt werden. Welche der folgenden Aussagen trifft auf diesen Sachverhalt zu?

a Die Annonce entspricht nicht der Preisangabenverordnung, weil keine Europreise genannt werden. ☐

b Eine Preisreduktion um mehr als 30 % ist laut Preisangabenverordnung in der Bundesrepublik verboten. ☐

c Das BGB verlangt in solchen Annoncen immer die Angabe von bestimmten Artikeln. ☐

d Das UWG verbietet die Werbung mit einer Geschäftsschließung, wenn die Schließung gar nicht erfolgen soll. ☐

Aufgabe 11 (4 Punkte)
Der 15-jährige Franz erhält von seiner Tante einen USB-Stick geschenkt. Da er aber nur Musik darauf speichert, fordern ihn die Eltern auf, der Tante den USB-Stick zurückzugeben. Beurteilen Sie die Rechtslage.

a Da Franz das 18. Lebensjahr noch nicht vollendet hat, haben die Eltern das Recht, die Rückgabe von ihm zu fordern. ☐

b Franz ist ja bereits 15 Jahre alt. Deshalb kann er alle Geschäfte selbstständig abschließen, also auch einen Schenkungsvertrag mit seiner Tante. Er braucht deshalb den USB-Stick nicht zurückzugeben. ☐

c Weil Franz beschränkt geschäftsfähig ist, braucht er auf jeden Fall die Zustimmung seiner Eltern. Da er die nicht hat, muss er den USB-Stick zurückgeben. ☐

d Bei Geschenken können Eltern von Kindern diese nur auffordern, das Geschenk zurückzugeben, wenn die Kinder unter 7 Jahren alt sind. ☐

e Franz hat von dieser Schenkung nur Vorteile und braucht als beschränkt Geschäftsfähiger deshalb die Zustimmung seiner Eltern nicht. ☐

Prüfungsbereich: Wirtschafts- und Sozialkunde

Aufgabe 12 (4 Punkte)
Entscheiden Sie, in welchem der folgenden Fälle ein Kaufvertrag zu Stande kommt.

a   Herr Meier schließt mit dem Landwirt Müller einen Vertrag über die Nutzung einer Wiese als Weide ab. ☐

b   Herr List prüft das Angebot eines Autohändlers zum Kauf eines Lieferwagens. ☐

c   Frau Lehmann einigt sich mit der Nachbarin, dass diese ihr zum Preis von 10 € eine CD überlässt, die Frau Lehmann schon lange gesucht hat. ☐

d   Für die Nutzung seiner Dienstkleidung zahlt der Auszubildende Hugo monatlich 10 €. ☐

e   Die Kauffrau Ingrid einigt sich mit dem Nachbargeschäft darauf, dass sie dessen Garage als Lagerplatz nutzen darf. ☐

Aufgabe 13 (4 Punkte)
Bei welcher der folgenden Erklärungen wird eine „juristische Person" beschrieben?

a   Eine juristische Person ist ein Rechtsanwalt oder Notar. ☐

b   Wenn jemand verurteilt worden ist, gilt er als juristische Person. ☐

c   Menschen, die bei einem oberen Bundesgericht arbeiten (z. B. beim Bundesarbeitsgericht), sind juristische Personen. ☐

d   Juristische Personen sind keine Menschen, sondern in besonderer Form organisierte Personenvereinigungen, die durch Eintragung in ein Register entstehen. ☐

e   Ein Angeklagter, der auf sein Verfahren wartet, ist eine juristische Person. ☐

Aufgabe 14 (4 Punkte)
Ordnen Sie die Vertragspartner der jeweils passenden Vertragsart zu. Tragen Sie die entsprechenden Ziffern in die Kästchen ein.

Vertragsarten:
1   Kaufvertrag
2   Testament
3   Mietvertrag
4   Kreditvertrag
5   Pachtvertrag

Vertragspartner:

a   Vermieter und Mieter ☐

b   Kreditgeber und Kreditnehmer ☐

c   Verkäufer und Käufer ☐

d   Verpächter und Pächter ☐

e   Erblasser und Erben ☐

Aufgabe 15 (4 Punkte)
Entscheiden Sie, welche der folgenden Vertragsarten zur Gültigkeit der Schriftform bedarf:

a Kaufvertrag ☐

b Schenkungsvertrag ☐

c Dienstvertrag ☐

d Arbeitsvertrag ☐

e Werkvertrag ☐

> **Situation zu den Aufgaben 16–18**
> Die Beska GmbH stellt als neuen Mitarbeiter Herrn Meier, 23 Jahre alt, ein.

Aufgabe 16 (4 Punkte)
Herr Meier zahlt als Arbeitnehmer in die Sozialversicherung ein. Welche der Versicherungen zahlt für die genannten Versicherungsfälle? Tragen Sie die entsprechenden Ziffern in die Kästchen ein.

Versicherungen:
1 Krankenversicherung
2 Rentenversicherung
3 Pflegeversicherung
4 Arbeitslosenversicherung

Versicherungsfälle:

a Die Geschäfte der Beska GmbH laufen schlecht. Herr Meier bezieht Kurzarbeitergeld. ☐

b Herr Meier hat Zahnschmerzen und geht zum Zahnarzt. ☐

c Nach einem langen Arbeitsleben beginnt für Herrn Meier der Ruhestand. ☐

d Herr Meier ist seit einem Reitunfall querschnittsgelähmt und bedarf der Zuwendung fremder Helfer. ☐

Aufgabe 17 (4 Punkte)
Welche der folgenden Aussagen zum Vermögensbildungsgesetz, das Herr Meier in Anspruch nehmen möchte, ist zutreffend?

a Das Vermögensbildungsgesetz sorgt dafür, dass Herr Meier an einer Fortbildung zur Führung eines Aktiendepots teilnehmen kann. ☐

b Da der Staat viel Geld benötigt, sorgt das Vermögensbildungsgesetz dafür, dass Herr Meier einen Teil seines Vermögens dem Staat zu dessen Schuldentilgung zur Verfügung stellen muss. ☐

c Wenn Herr Meier mehr als 4.000 Euro monatlich verdient, hat er keine Ansprüche aus dem Vermögensbildungsgesetz. ☐

d Durch das Vermögensbildungsgesetz kann der abhängig beschäftigte Arbeitnehmer eine Arbeitnehmersparzulage erhalten, wenn er in bestimmten Formen spart und ein bestimmtes jährliches Einkommen nicht überschreitet. ☐

e Das Vermögensbildungsgesetz will dafür sorgen, dass eine Rentenversicherung überflüssig wird. ☐

Prüfungsbereich: Wirtschafts- und Sozialkunde

Aufgabe 18 (4 Punkte)
Herr Meier engagiert sich für die Interessen seiner Kolleginnen und Kollegen und möchte deshalb eine Betriebsversammlung einberufen, um einen Betriebsrat zu gründen. Welche Voraussetzung muss laut Betriebsverfassungsgesetz dafür gegeben sein?

a   Erst muss der Betriebsrat gewählt sein und dann kann es eine Betriebsversammlung geben.   ☐

b   Die Geschäftsleitung der Beska GmbH muss der Betriebsversammlung zustimmen.   ☐

c   Für die Durchführung einer Betriebsversammlung muss das Unternehmen mehr als 20 Mitarbeiter haben.   ☐

d   Eine Betriebsversammlung kann nur außerhalb der regulären Arbeitszeit stattfinden.   ☐

e   Die Betriebsversammlung muss von mindestens 5 Mitarbeitern beantragt werden.   ☐

Aufgabe 19 (4 Punkte)

Handelt es sich bei dem abgebildeten Zeichen um

a   ein Warnzeichen,   ☐

b   ein Rettungszeichen,   ☐

c   ein Verbotszeichen,   ☐

d   ein Brandschutzzeichen oder   ☐

e   ein Gebotszeichen?   ☐

Aufgabe 20 (4 Punkte)
Der Arbeitgeber muss seine Mitarbeiter gegen die Folgen eines Arbeitsunfalls versichern. Welche der folgenden Versicherungen übernimmt diese Aufgabe?

a   Haftpflichtversicherung   ☐

b   Betriebsunterbrechungsversicherung   ☐

c   Unfallversicherung   ☐

d   Krankenversicherung   ☐

e   Pflegeversicherung   ☐

Aufgabe 21 (4 Punkte)
Viele Einzelhandelsgeschäfte verkaufen Batterien. Eine Kundin möchte die verbrauchten Batterien in einem Geschäft zurückgeben. Welche der folgenden Aussagen ist zutreffend?

a   Der Einzelhandel muss Batterien nur zurücknehmen, wenn sie das Zeichen des DSD tragen.   ☐

b   Die Kundin kann die Batterien im Geschäft abgeben, wenn sie die gleichen Batterien wieder dort einkauft.   ☐

c   Alle Kunden müssen Batterien in der eigenen Wertstofftonne recyceln.   ☐

d   Der Kunde muss die Möglichkeit haben, dort, wo Batterien verkauft werden, auch Altbatterien zurückzugeben.   ☐

e   Der Einzelhandel muss wegen der Umweltgefährdung Batterien auf keinen Fall zurücknehmen.   ☐

Aufgabe 22 (4 Punkte)
Welche beiden der folgenden Prinzipien gehören nicht zur „Nachhaltigkeit"?

a Preiswürdigkeit ☐

b Ökologie ☐

c gesundheitsförderlich ☐

d soziale Gerechtigkeit ☐

e Ökonomie ☐

Aufgabe 23 (4 Punkte)
Welche Funktion der Verpackung ist bei einem Druck-Drehverschluss einer Flasche Abflussreiniger gewährleistet?

a Schutzfunktion ☐

b Hygienefunktion ☐

c Vermarktungsfunktion ☐

d Sicherheitsfunktion ☐

e Nachhaltigkeitsfunktion ☐

Aufgabe 24 (4 Punkte)
Welche der folgenden Erklärungen ist zutreffend?

Verkaufsverpackungen …

a … werden vom Verbraucher zum Transport der Waren benötigt. ☐

b … dienen dem Schutz der Waren auf dem Weg vom Erzeuger zum Einzelhändler. ☐

c … sind zusätzliche Verpackungen, damit die Ware im Karton nicht wackeln kann. ☐

d … dienen ausschließlich der Vermarktung der Waren. ☐

e … sind für alle Lebensmittel gesetzlich vorgeschrieben. ☐

Aufgabe 25 (4 Punkte)
Welche der folgenden Aussagen ist zutreffend?

Alle Einwegverpackungen mit einem „grünen Punkt" …

a … sind weniger umweltbelastend. ☐

b … müssen im Restmüll entsorgt werden. ☐

c … sind mit einem Zwangspfand belegt. ☐

d … müssen vom Einzelhändler vor dem Verkauf entsorgt werden. ☐

e … sind vom Hersteller / Vertreiber der Produkte am Dualen System Deutschland beteiligt worden. ☐

Prüfungsbereich: Wirtschafts- und Sozialkunde

Prüfung 4
Prüfungsbereich: Verkauf und Werbemaßnahmen

Aufgabe 1 (15 Punkte)

Sie sind Verkäufer im Warenhaus der Beska GmbH und nutzen bei Ihrer Arbeit das Warenwirtschaftssystem. Nach Feierabend treffen Sie Katharina Stumpf, eine gute Freundin von Ihnen, die auch im Einzelhandel arbeitet. Sie arbeitet in einem alteingesessenen Fachgeschäft der Stadt ohne elektronisches Warenwirtschaftssystem und kommt ihrer Meinung nach sehr gut ohne aus.

Erläutern Sie Katharina Stumpf die Vorteile eines elektronischen Warenwirtschaftssystems für den Einzelhändler, indem Sie im Hinblick auf das Bestellwesen, die Sortimentsgestaltung sowie Werbung/Verkaufsförderung jeweils einen Vorteil erklären.

Aufgabe 2 (15 Punkte)

Lena Friedrich, Geschäftsführerin der Beska GmbH, entdeckt rechtswidrige Preisangaben in den Schaufenstern ihrer Mitbewerber.

    a   Gegen welche Bestimmungen der Preisangabenverordnung verstoßen folgende Preisauszeichnungen im Schaufenster? **(12 Punkte)**

1

2

3

4

b Ein Verstoß gegen die Preisauszeichnungspflicht kann als Ordnungswidrigkeit bestraft werden. Wer überwacht die Einhaltung der Vorschriften? (**3 Punkte**)

Prüfungsbereich: Verkauf und Werbemaßnahmen

Aufgabe 3 (20 Punkte)
Das Warenhaus der Beska GmbH plant, die Warengruppe Sportartikel neu in das Sortiment aufzunehmen. Sie sollen als Verkäufer der Beska GmbH helfen, diese neue Abteilung aufzubauen. Allerdings haben Sie in dieser Warengruppe bisher noch nie gearbeitet, sodass Sie über keinerlei Warenkenntnisse verfügen. Sie entwerfen einen Plan, wie Sie sich die notwendigen Warenkenntnisse aneignen können.

a Nennen Sie fünf Möglichkeiten, wie Sie notwendige Warenkenntnisse erhalten können. **(10 Punkte)**

b Sie planen, für jeden Artikel Ihrer neuen Warengruppe einen so genannten kurzen Warensteckbrief (Warenbeschreibung) zu erstellen, der die wichtigsten Informationen zur Ware beinhaltet. Nennen Sie fünf wichtige Inhaltspunkte eines solchen Warensteckbriefes. **(10 Punkte)**

Aufgabe 4 (20 Punkte)
Ein Einzelhändler verkauft eine alte Kette aus echtem Gold an Frau Kasper. Frau Kasper entdeckt nach einiger Zeit, dass die Kette nicht aus echtem Gold, sondern aus vergoldetem Messing ist. Der Einzelhändler konnte davon nichts wissen, da er die Kette selbst vor 25 Jahren von einem mittlerweile verstorbenen Kunden erworben hat.

a Kann Frau Kasper hier auf Nacherfüllung bestehen? Begründen Sie Ihre Entscheidung. **(10 Punkte)**

b Muss Frau Kasper hier eine Nachfrist setzen, um ihre Rechte in Anspruch zu nehmen? Begründen Sie Ihre Entscheidung. **(5 Punkte)**

c Welches Recht würden Sie an Stelle von Frau Kasper in Anspruch nehmen? Begründen Sie Ihre Entscheidung. **(5 Punkte)**

Prüfungsbereich: Verkauf und Werbemaßnahmen

Aufgabe 5 (20 Punkte)

Im Zuge der Umstellung auf besonders moderne Kassensysteme sollen bei der Beska GmbH auch zusätzliche Möglichkeiten erschlossen werden, die Kundenbindung zu verstärken. Der Geschäftsführer K. List berichtet von guten Erfahrungen eines Schweizer Unternehmens mit der Einführung einer Kundenkreditkarte.

a Erläutern Sie zwei Gründe, warum die Beska GmbH diesen Service für ihre Kunden einführen sollte. **(10 Punkte)**

b Welche Funktionen und Serviceleistungen sollten mit der Kundenkreditkarte verbunden sein, damit sie für Kunden attraktiv ist? **(10 Punkte)**

Aufgabe 6 (10 Punkte)

Erläutern Sie zwei unterschiedliche Kassensysteme Ihrer Wahl.

Prüfungsbereich: Warenwirtschaft und Kalkulation

Situation zu den Aufgaben 1 und 2
In Berlin findet jährlich an einem Sonntag der Tag der offenen Tür im Kanzleramt statt. Aus diesem Anlass veranstaltet die Tauentzienstraße und damit auch die Beska GmbH einen verkaufsoffenen Sonntag von 13.00 Uhr bis 18.00 Uhr. Sie sind an diesem Tag unter anderem für die Pflege und Auswertung des Warenwirtschaftssystems (WWS) verantwortlich.

Aufgabe 1 (4 Punkte)
Um den Personaleinsatz für diesen Sonntag optimal zu planen, greifen Sie auf die Daten des Warenwirtschaftssystems für den Sonntagsverkauf des Vorjahres zurück. Welche Information aus dem Warenwirtschaftssystem unterstützt Sie bei der Personaleinsatzplanung?

a die Gewinn/Verlust-Zahlen der letzten Sonntagsöffnung ☐

b die Anzahl der Kunden pro Stunde bei der letzten Sonntagsöffnung ☐

c die Daten der Lieferanten ☐

d die Umsatzprämien der einzelnen Verkäufer ☐

e der durchschnittliche Lagerbestand der letzten Sonntagsöffnung ☐

Aufgabe 2 (4 Punkte)
Über das Warenwirtschaftssystem lassen Sie als Vorbereitung auf den verkaufsoffenen Sonntag eine Renner- und Pennerliste erstellen. Wozu dient diese Liste?

a Die Renner-Penner-Liste listet diejenigen Artikel auf, die der Einzelhändler auslisten muss. ☐

b Die Renner-Penner-Liste zeigt den Sollbestand an. ☐

c Die Renner-Penner-Liste zeigt Inventurdifferenzen an. ☐

d Die Renner-Penner-Liste zeigt an, welcher Verkäufer gut verkauft hat. ☐

e Die Renner-Penner-Liste zeigt den Abverkauf für jeden Artikel an, sodass der Einzelhändler analysieren kann, welcher Artikel nicht gut und welcher Artikel sehr gut verkauft wurde. ☐

Aufgabe 3 (4 Punkte)
Um den außerordentlichen Einsatz der Beska-Mitarbeiter am verkaufsoffenen Sonntag zu honorieren, besorgt Karl Rethmeier im Namen aller Abteilungsleiter Kuchen für die eingesetzten Mitarbeiter. Beim benachbarten Konditor Breuer e. K. kauft er vier Bleche Obst-Streuselkuchen. Die Quittung der Konditorei (siehe nächste Seite) entspricht aber nicht seinen Vorstellungen. Er wünscht die Ausweisung des USt-Betrags auf der Quittung. Ist die Konditorei Breuer e. K. dazu verpflichtet?

a Ja, weil der Brutto-Betrag über 100,00 € liegt. ☐

b Nein, weil der Brutto-Betrag 250,00 € nicht übersteigt. ☐

c Ja, weil auf Quittungen immer der Umsatzsteuerbetrag ausgewiesen werden muss. ☐

d Ja, weil der Netto-Betrag 100,00 € übersteigt. ☐

e Ja, weil es sich um einen zweiseitigen Handelskauf handelt. ☐

Situation zu den Aufgaben 3–6
Zum Geschäftsschluss des verkaufsoffenen Sonntags liegen Ihnen für die Kassenabrechnung Abteilung Lederwaren die folgenden Informationen vor:

Quittungen über Bargeldentnahme (Bargeldabschöpfung):	2.050,00 €
Quittung für Barkauf des Obstkuchens:	112,00 €
Wechselgeld zu Beginn des Tages:	400,00 €

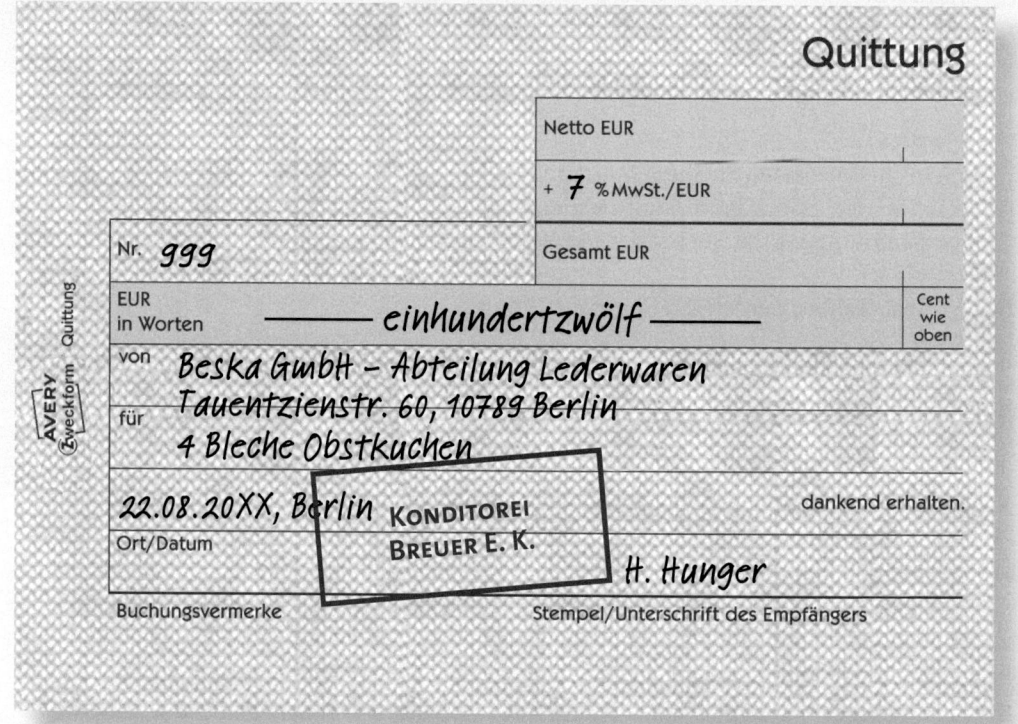

Bargeldbestand in der Kasse					
Geldscheine (€)			Münzgeld (€)		
2	x	500,00	18	x	2,00
3	x	200,00	26	x	1,00
6	x	100,00	13	x	0,50
3	x	50,00	12	x	0,20
60	x	10,00	15	x	0,10
45	x	5,00	17	x	0,05
			25		0,02
			37		0,01
Summe: 3.175,00			Summe: 74,12		

Kassenausdruck	
Abteilung Lederwaren XX.XX.20XX	
Barverkäufe	5.055,00
Kartenverkäufe	1.875,60
Anzahl Artikel	65
Anzahl Kunden	54

Aufgabe 4 (4 Punkte)
Ermitteln Sie die tatsächlichen Tageseinnahmen.   ☐.☐☐☐,☐☐ €

Nebenrechnungen:

Aufgabe 5 (4 Punkte)
Ermitteln Sie die Kassendifferenz.   ☐☐,☐☐ €

Nebenrechnungen:

Aufgabe 6 (4 Punkte)

a Berechnen Sie den durchschnittlichen Umsatz pro Kunde gemäß dem   ☐☐☐,☐☐ €
   Kassenausdruck für Bar- und Kartenzahlung.

Nebenrechnungen:

Prüfungsbereich: Warenwirtschaft und Kalkulation

b Berechnen Sie den durchschnittlichen Verkaufspreis je Artikel gemäß dem Kassenausdruck für Bar- und Kartenzahlung. ☐☐☐,☐☐ €

Nebenrechnungen:

Situation zu den Aufgaben 7–10
Zum Geschäftsschluss des verkaufsoffenen Sonntags erhalten Sie für die Tagesauswertung folgenden Auszug aus dem Warenwirtschaftssystem (WWS):

Aufwendungen für Waren	34.000,00 €
Personalkosten	2.500,00 €
Mietaufwendung	1.500,00 €
Werbung	800,00 €
Gewerbesteuer	220,00 €
sonstige Aufwendungen	2.900,00 €
Selbstkosten	?
Nettoumsätze (19 % USt)	47.058,82 €

Aufgabe 7 (4 Punkte)

a Wie viel Euro beträgt der Wareneinsatz? ☐☐.☐☐☐,☐☐ €

b Wie viel Prozent beträgt der Anteil der Personalkosten an den Handlungskosten? ☐☐,☐☐ %
(Ergebnis auf zwei Stellen nach dem Komma runden!)

Nebenrechnungen:

Aufgabe 8 (4 Punkte)

a Wie viel Euro beträgt der Rohgewinn? ☐☐.☐☐☐,☐☐ €

b Wie viel Euro beträgt der Reingewinn? ☐.☐☐☐,☐☐ €

Nebenrechnungen:

Aufgabe 9 (4 Punkte)

Der Nettoumsatz des verkaufsoffenen Sonntags vom Vorjahr betrug 42.720,50 €.
Um wie viel Prozent hat sich der Nettoumsatz gegenüber dem Vorjahr geändert? ☐☐,☐☐ %

Nebenrechnungen:

Aufgabe 10 (4 Punkte)

Welchen Einfluss haben die folgenden betrieblichen Vorgänge auf die Handlungskosten?
Ordnen Sie die Ziffern den betrieblichen Vorgängen zu.

1 erhöht die Handlungskosten
2 senkt die Handlungskosten
3 hat keinen Einfluss auf die Handlungskosten

a Ein Kunde kauft bei der Beska GmbH ein und erhält nachträglich einen Bonus in Höhe von 50,00 € in bar. ☐

b Das Zinsniveau steigt. Dadurch steigt der Zinssatz für das Fremdkapital der Beska GmbH auf 8 %. ☐

c Die Beska GmbH erwirbt eine neue Lagerhalle für 20.000,00 €. ☐

d Die Tarifverhandlungen der Gewerkschaft waren erfolgreich. Die Angestellten der Beska GmbH erhalten 2,4 % mehr Gehalt. ☐

e Der Spediteur erhöht den Preis für den Transport der Ware vom Lieferanten zum Lager der Beska GmbH um 500,00 €. ☐

Prüfungsbereich: Warenwirtschaft und Kalkulation

Situation zu den Aufgaben 11–14

Sie besuchen die Weihnachtsfachmesse, um für das kommende Weihnachtsgeschäft die Weihnachtsware einzukaufen. Unter anderem bestellen Sie Christbaumschmuck gemäß der abgebildeten Bestellung bei einem neuen Lieferanten:

Der bunte Tisch OHG
Himmelpforte 17
48997 Wuppertag

Beska GmbH
Tauentzienstraße 60
10789 Berlin

Rechnung-Nr. 6345   Kd-Nr.: 8795   Re.-Datum: 15.09.20XX

Lieferung erfolgte am 15.09.20XX

Art.-Nr.	Artikel	Menge	Einzelpreis	Gesamt
589	Glaskugel, lila-orange	200	1,50	300,00
563	Schneemann	130	2,00	260,00
123	Elch, weiß	130	2,50	325,00
Versandkosten				0,00
Netto-Rechnungsbetrag				885,00
+19% USt				168,15
Bruttorechnungsbetrag				1.053,15

Zahlung erfolgt sofort, netto Kasse

...ebestellung
...nte Tisch OHG

Kunde: Beska GmbH, Berlin
Kd.Nr.: 8795
Datum: 15.08.20XX
Liefertermin: 4 Wochen ab Bestelldatum

Art.-Nr.	Artikel	Menge	Einzelpreis	Gesamt
589	Glaskugel, lila-orange	200	1,50	
563	Schneemann	130	2,00	
123	Elch, weiß	130	2,50	

Lieferung erfolgt frei Haus, die Preise gelten lt. Preisliste, abzüglich 7% Messerabatt

Datum: 15.08.20XX   *Stefan Maar*

Aufgabe 11 (4 Punkte)

Sie wollen den neuen Lieferanten im Warenwirtschaftssystem anlegen. Prüfen Sie, ob es sich bei den nachfolgenden Daten um Artikelstammdaten oder Lieferstammdaten handelt. Kennzeichnen Sie
- Artikelstammdaten mit der Ziffer 1.
- Lieferantenstammdaten mit der Ziffer 2.

a Adresse des Lieferers ☐

b Artikelbezeichnung ☐

c GTIN ☐

d Listenpreis ☐

e Lieferernummer ☐

Aufgabe 12 (4 Punkte)
Die Weihnachtsware ist bei Ihnen inzwischen eingetroffen. Der Lieferant hat zusammen mit der Ware die Rechnung übergeben. Die Rechnung listet die Ware laut Lieferschein auf. Ihr Chef bittet Sie, die Wareneingangsprüfung zu übernehmen. Hierfür verwenden Sie die beiliegende Bestellung und Rechnung (siehe oben). Was stellen Sie fest?

a Ihr Lieferant „Der bunte Tisch" hat zu spät geliefert. ☐

b Bei der Lieferung der Glaskugeln liegt ein Sachmangel vor. ☐

c Der Rechnungsbetrag entspricht nicht den Vereinbarungen der Bestellung. ☐

d Der Lieferant hat vergessen, die angefallenen Versandkosten in Rechnung zu stellen. ☐

e Die Warenlieferung erfolgte absolut korrekt, Sie haben bis jetzt keinen Fehler zu beklagen. ☐

Aufgabe 13 (4 Punkte)
Bei der Einlagerung der Ware am 16.09.20XX stellen Sie fest, das die Hälfte der Elch-Anhänger, Artikel 123, die weiße Glitzer-Glasur verliert, sobald Sie die Figuren berühren.

Wie verhalten Sie sich unter Berücksichtigung der gesetzlichen Vorschriften richtig, wenn Sie Rechte geltend machen wollen?

a Sie rügen am 16.09.20XX, da Sie an diesem Tag den Mangel festgestellt haben. ☐

b Sie rügen bis zum 30. Oktober 20XX, da Ihnen laut Gesetz eine Umtauschfrist von 14 Tagen zusteht. ☐

c Sie rügen bis zum 16. März 20XY, da bei zweiseitigen Handelskäufen die Reklamation innerhalb von sechs Monaten aufgrund der Beweislastumkehr immer anerkannt werden muss. ☐

d Sie rügen bis zum 16. September 20XZ, da die gesetzliche Gewährleistungsfrist 2 Jahre beträgt. ☐

e Sie rügen überhaupt nicht und verkaufen die fehlerhaften Elche zu einem reduzierten Preis. ☐

Aufgabe 14 (4 Punkte)
Ein Mitarbeiter hat bei der Erfassung der Lieferung Weihnachtsartikel im Warenwirtschaftssystem versehentlich 310 Schneemänner anstatt 130 Stück als Wareneingang in das System eingegeben. Welche Auswirkung hat dies auf den Geschäftsablauf in der Hobby- und Bastelabteilung?

a Der Eingabefehler hat keine Relevanz, da das Warenwirtschaftssystem automatisch in regelmäßigen Abständen die Soll-/Ist-Bestände kontrolliert. ☐

b Bevor das Warenwirtschaftssystem eine Nachbestellung veranlasst, sind die Schneemänner ausverkauft. ☐

c Die Eingabe von 310 Stück garantiert, dass zu jedem Zeitpunkt genügend Schneemänner auf Lager sind. ☐

d Durch diese Eingabe verändert sich der Meldebestand automatisch. ☐

e Durch diese Eingabe verändert sich der Ist-Bestand. ☐

Prüfungsbereich: Warenwirtschaft und Kalkulation

Situation zu den Aufgaben 15–19

Folgende Daten liegen Ihnen aus der Abteilung Lederwaren für den Monat Oktober lt. Warenwirtschaftssystem vor:

	Handtasche New York	Trolley Mac
Anfangsbestand in Stück am 01.10.20XX	6	5
Einkäufe in Stück	12	10
Retoure an den Lieferanten	2	1
Bezugspreis pro Stück	35,00 €	55,00 €
Endbestand in Stück am 31.10.20XX	4	6
Kalkulationszuschlag in %	75 %	
Bruttoverkaufspreis		99,00 €

Aufgabe 15 (4 Punkte)

Wie viele Handtaschen „New York" wurden im Oktober verkauft? ☐☐ Stück

Nebenrechnungen:

Aufgabe 16 (4 Punkte)

Wie viel Euro beträgt der Wareneinsatz bei den Handtaschen „New York"? ☐☐☐,☐☐ €

Nebenrechnungen:

Aufgabe 17 (4 Punkte)
Ermitteln Sie den Bruttoverkaufspreis für die Handtasche „New York". ☐☐,☐☐ €

Nebenrechnungen:

Aufgabe 18 (4 Punkte)
Wie viel Euro Umsatzsteuer (19 %) sind im Bruttoverkaufspreis eines Trolley „Mac" enthalten? ☐☐,☐☐ €

Nebenrechnungen:

Aufgabe 19 (4 Punkte)

a Wie viel Prozent beträgt die Handelsspanne beim Trolley „Mac"? ☐☐,☐☐ %

Nebenrechnungen:

Prüfungsbereich: Warenwirtschaft und Kalkulation

b Mit welchem Kalkulationsfaktor wurde der Trolley kalkuliert? ☐,☐☐☐
(Angabe mit 3 Nachkommastellen)

Nebenrechnungen:

Aufgabe 20 (4 Punkte)
Im Laufe des verkaufsoffenen Sonntags wurde an der Kasse Abteilung Lederwaren ein Kassensturz durchgeführt. Aus welchem Grund kann dies erforderlich gewesen sein?

a Der Bargeldbestand in der Kasse sollte reduziert werden. ☐

b Das Wechselgeld ist nicht ausreichend, es muss neues beschafft werden. ☐

c Der bisherige Tagesumsatz sollte ermittelt werden. ☐

d Der Abteilungsleiter wollte sich einen Zwischenstand über die bisherigen Tageseinnahmen geben lassen. ☐

e Ein Kunde behauptete, zu wenig Wechselgeld erhalten zu haben. ☐

Aufgabe 21 (4 Punkte)
Bei der Kassenabrechnung stellen Sie fest, dass Sie einen falschen 100-€-Schein angenommen haben. Welches der folgenden Merkmale ist nicht als Sicherheitsmerkmal der Euro-Banknoten anerkannt?

a Sicherheitsfaden ☐

b Siebdruck ☐

c Perlglanzstreifen ☐

d Farbwechsel der Wertzahl ☐

e Stichtiefdruck ☐

Aufgabe 22 (4 Punkte)
Die meisten Artikel des Beska-Sortiments sind mit dem GTIN-Code gekennzeichnet. Welchen Vorteil bringt dieser GTIN-Code der Beska GmbH?

a Wechselgelddifferenzen können grundsätzlich vermieden werden. ☐

b Dank des GTIN-Code ist die Preisauszeichnung der Ware überflüssig. ☐

c Von jedem Kassierer kann die durchschnittliche Kassierdauer ermittelt werden. ☐

d Der GTIN-Code ermöglicht eine sichere und rationale Datenerfassung im Rahmen des Price-look-up-Verfahrens. ☐

e Es wird stets der richtige Preis auf dem Kassenzettel ausgewiesen. ☐

Aufgabe 23 (4 Punkte)
Ihnen liegt die folgende unvollständige Bilanz vor:

Aktiva	Bilanz zum ...		Passiva
Anlagevermögen	290.000,00 €	Eigenkapital	☐☐☐.☐☐☐,☐☐ €
Umlaufvermögen	480.000,00 €	Fremdkapital	470.000,00 €

a Wie viel Euro beträgt das Eigenkapital? Ergänzen Sie in der Bilanz!

b Wie viel Prozent beträgt der Anteil des Fremdkapitals am Gesamtkapital? ☐☐,☐☐ %

Aufgabe 24 (4 Punkte)
Welche der unten stehenden Erklärungen trifft auf die Bilanz zu?

a Mengen- und wertmäßiges Verzeichnis des Vermögens und der Schulden ☐

b Mengen- und wertmäßige Aufnahme des Vermögens und der Schulden ☐

c stellt die Aufwendungen und Erträge einander gegenüber und ermittelt so die Erfolgssituation des Unternehmens ☐

d kurz gefasste, ausschließlich wertmäßige Gegenüberstellung von Vermögen und Kapital ☐

e ausführliche Auflistung des Vermögens und der Schulden im Staffelprinzip ☐

Aufgabe 25 (4 Punkte)
Welcher der unten genannten Vermögensteile ist dem Umlaufvermögen zuzuordnen?

a Büroeinrichtung ☐

b Fuhrpark ☐

c Forderungen ☐

d Verbindlichkeiten ☐

e Eigenkapital ☐

Prüfungsbereich: Warenwirtschaft und Kalkulation

Prüfungsbereich: Wirtschafts- und Sozialkunde

Aufgabe 1 (4 Punkte)
Kennzeichnen Sie die folgenden Aussagen mit einer
1, wenn es sich um die Beschreibung eines Bedürfnisses handelt.
2, wenn es sich um die Beschreibung des Bedarfs handelt.
3, wenn es sich um die Beschreibung der Nachfrage handelt.
9, wenn es sich weder um ein Bedürfnis noch um Bedarf oder Nachfrage handelt.

a   Der Auszubildende kauft in der Kantine ein Getränk seiner Wahl.

b   Frau Müller schaut sich gerne eine Fernsehsendung an.

c   Herr Müller ist abends nach einem achtstündigen Arbeitstag müde.

d   Susanne möchte gerne in Urlaub fliegen und prüft die Angebote.

e   Herr Lehmann sieht, dass sein Nachbar ein neues Auto hat, und unterhält sich mit ihm über die technischen Daten.

Aufgabe 2 (4 Punkte)
Kennzeichnen Sie in der folgenden Aufstellung
- Konsumgüter als Verbrauchsgüter mit einer 1.
- Konsumgüter als Gebrauchsgüter mit einer 2.
- Produktionsgüter als Verbrauchsgüter mit einer 3.
- Produktionsgüter als Gebrauchsgüter mit einer 4.

a   Papierrolle für den Bondrucker an der Kasse im Lebensmittelgeschäft

b   Kugelschreiber, mit dem Herr Meier sich zu Hause seine Notizen macht

c   Tesafilm, mit dem Herr Meier Geburtstagsgeschenke einpackt

d   MDE-Gerät im Lebensmittelgeschäft zur Erfassung der Warenbestände

e   Wasserspender für die Kunden im Drogeriemarkt

Aufgabe 3 (4 Punkte)
In welchem Gesetz finden Sie Informationen zu den unten aufgeführten Fällen?
Ordnen Sie den Beispielen die entsprechenden Ziffern zu:

1   Berufsbildungsgesetz
2   Jugendarbeitsschutzgesetz
3   Vermögensbildungsgesetz
4   Sozialgesetzbuch
5   Betriebsverfassungsgesetz

a   Jugendliche unter 18 Jahren und Auszubildende bis 25 Jahren sind bei der Wahl zur Jugend- und Auszubildendenvertretung stimmberechtigt.

b   Der Gesetzgeber will mit diesem Gesetz die Bildung von Kapital in Arbeitnehmerhand fördern.

c   Es wird festgelegt, dass Berufsausbildungsverträge grundsätzlich schriftlich gemacht werden.

d   Für Arbeiten, die die Leistungsfähigkeit überfordern, besteht ein Beschäftigungsverbot.

e   Dieses Gesetz legt unter anderem fest, wer rentenversicherungspflichtig ist.

Aufgabe 4 (4 Punkte)
Welche der folgenden Aussagen zur Größe des Betriebsrats und der Jugend- und Auszubildendenvertretung ist, bezogen auf die abgebildete Tabelle, richtig?

Größe des Betriebrates und Jugend- und Ausbildungsvertretung			
Anzahl der wahlberechtigten Mitarbeiter im Betrieb	Anzahl der Betriebsratsmitglieder	Anzahl der wahlberechtigten Jugendlichen/Auszubildenden	Anzahl der Mitglieder der JAV
5–20	1	5–20	1
21–50	3	21–50	3
51–100	5	51–150	5
101–200	7	151–300	7
201–400	9	301–500	9
401–700	11	501–700	11
701–1.000	13	701–1.000	13
1.001–1.500	15	mehr als 1.000	15

a Die Größe des Betriebsrates ist von der Anzahl der wahlberechtigten Mitarbeiter im Betrieb nicht abhängig. ☐

b Gibt es in einem Betrieb 51 bis 150 wahlberechtige Jugendliche und Auszubildende, ist die JAV (Jugend- und Auszubildendenvertretung) fünf Mitglieder groß. ☐

c Betriebe mit weniger als sieben wahlberechtigten Mitarbeitern im Betrieb haben keinen Betriebsrat. ☐

d Bei bis zu 1.500 Mitarbeitern beträgt die Zahl der Betriebsratsmitglieder 13. ☐

e Die Anzahl der Betriebsratsmitglieder ist immer als gerade Zahl festgelegt. ☐

Aufgabe 5 (4 Punkte)
Bei welcher der folgenden Vereinbarungen handelt es sich um eine Betriebsvereinbarung?

a Der Einzelhandelskaufmann einigt sich mit Frau Lehmann über einen Arbeitsvertrag. ☐

b Der Betriebsrat eines Einzelhandelsunternehmens einigt sich mit der Unternehmensleitung, dass es für jeden Mitarbeiter einmal im Monat ein langes arbeitsfreies Wochenende geben muss (Freitag, Samstag, Sonntag). ☐

c Die Betriebsleitung beschließt, den Sozialraum neu streichen zu lassen. ☐

d Der Unternehmer schließt sich den Wettbewerbern an und öffnet sein Geschäft in Zukunft werktags bis 22 Uhr. ☐

e Die Mitarbeiter einigen sich darauf, gemeinsam einen Urlaubsplan aufzustellen. ☐

Aufgabe 6 (4 Punkte)
Bringen Sie die folgenden Phasen des Konjunkturverlaufs durch Nummerierung von 1 bis 4 in die richtige Reihenfolge, wenn sich die Wirtschaft aktuell in der Hochkonjunktur befindet.

a Depression ☐

b Expansion ☐

c Rezession ☐

d Hochkonjunktur ☐

Prüfungsbereich: Wirtschafts- und Sozialkunde

Aufgabe 7 (4 Punkte)
Welche der folgenden Aussagen lässt sich in der abgebildeten Grafik ablesen?

a 1960 waren die meisten Erwerbstätigen im tertiären Wirtschaftsbereich tätig. ☐

b Die Zahl der Erwerbstätigen im primären Wirtschaftsbereich hat seit 1980 von Jahr zu Jahr immer weiter abgenommen. ☐

c Im Jahr 2015 waren noch 24 Prozent der Erwerbstätigen im weiterverarbeitenden Bereich tätig. ☐

d Insgesamt ist die Zahl der Erwerbstätigen seit 1882 immer kleiner geworden. ☐

e 1980 war die Zahl der Erwerbstätigen im produzierenden Gewerbe genauso groß wie 1950. ☐

Aufgabe 8 (4 Punkte)
Welcher der folgenden Faktoren hat keinen Einfluss auf die Menge und den Zeitpunkt der Nachfrage?

a das Klima ☐

b die Zukunftserwartungen der Nachfrager ☐

c die technische Entwicklung ☐

d das zur Verfügung stehende Einkommen ☐

e die Menge aller weltweit produzierten Güter ☐

Aufgabe 9 (4 Punkte)
Kennzeichnen Sie die folgenden Faktoren
- mit einer 1, wenn Sie Einfluss,
- mit einer 9, wenn Sie keinen Einfluss

auf die Menge und den Zeitpunkt des Angebots haben!

a das Gewinnstreben des Anbieters ☐

b die Konjunkturlage ☐

c die technische Entwicklung ☐

d die Konkurrenzsituation auf dem Markt ☐

e das Klima ☐

Aufgabe 10 (4 Punkte)
Kennzeichen Sie die abgebildeten Arbeitsschutzzeichen mit der zutreffenden Ziffer:

1 Verkehrszeichen
2 Gebotszeichen
3 Verbotszeichen
4 Warnzeichen
5 Rettungszeichen

 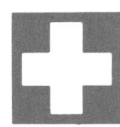   

☐ ☐ ☐ ☐ ☐

Aufgabe 11 (4 Punkte)
Welche zwei der folgenden Prinzipien gehören nicht zu den Prinzipien einer nachhaltigen Entwicklung, so wie sie von der Weltkommission für Umwelt und Entwicklung gesehen wird?

a Ökonomie ☐

b Gewinnmaximierung ☐

c Ökologie ☐

d Marktdurchdringung ☐

e soziale Gerechtigkeit ☐

Aufgabe 12 (4 Punkte)
Welche der folgenden Aussagen über natürliche Personen ist zutreffend?

a Schulen sind immer natürliche Personen des öffentlichen Rechts. ☐

b Damit natürliche Personen rechtsfähig werden, ist die Eintragung in das Personenstandsregister notwendig. ☐

c Natürliche Personen sind alle Menschen, die in der Bundesrepublik Deutschland geboren worden sind und hier wohnen. ☐

d Alle Menschen sind grundsätzlich als natürliche Personen anzusehen, unabhängig von ihrer Herkunft, ihrer Leistungsfähigkeit oder ihrer Religion. ☐

e Die Menschen, die natürliche Personen sind, sind im Vereinsregister ihrer Stadt, in der sie wohnen, eingetragen. ☐

Prüfungsbereich: Wirtschafts- und Sozialkunde

Aufgabe 13 (4 Punkte)

BGB § 110 Bewirken der Leistung mit eigenen Mitteln
Ein von dem Minderjährigen ohne Zustimmung des gesetzlichen Vertreters geschlossener Vertrag gilt als von Anfang an wirksam, wenn der Minderjährige die vertragsmäßige Leistung mit Mitteln bewirkt, die ihm zu diesem Zweck oder zu freier Verfügung von dem Vertreter oder mit dessen Zustimmung von einem Dritten überlassen worden sind.

Entscheiden Sie, welcher der folgenden Verträge laut § 110 BGB rechtskräftig abgeschlossen werden kann bzw. abgeschlossen worden ist.

a Max hat, als er in den Ferien bei seinen entfernt lebenden Großeltern ist, von seinem Großvater 150 € für einen neuen MP3-Player bekommen.

b Inge, 15 Jahre, findet die Jugendzeitschrift Rasselband gut, und schließt ein Jahresabonnement im Wert von 75 € ab.

c Egon, 17 Jahre, hat einen 100-€-Schein gefunden, den er aber bei dem Verlierer abliefert. Der gibt ihm daraufhin 50 € Finderlohn, für die Egon sofort die neueste CD der Ärzte kauft. Die Eltern sind entsetzt, da sie die Musik der Ärzte gar nicht jugendgerecht finden.

d Jutta feiert ihren 16. Geburtstag. Im Beisein ihrer Eltern und der gesamten Geburtstagsgesellschaft öffnet Sie den Briefumschlag von Onkel Heinz und findet darin 1.500 €. Alle freuen sich mit ihr. Drei Tage später macht sie einen Shopping-Bummel und kauft sich für die gesamten 1.500 € die hippeste Kleidung der Stadt.

e Kevin, sechs Jahre, bekommt sein wöchentliches Taschengeld in Höhe von 2 € von seinen Eltern und kauft sich dafür leckere Schokolade.

Aufgabe 14 (4 Punkte)
Bringen Sie die Schritte beim Zustandekommen eines Kaufvertrages zwischen einem Großhändler (Lieferer) und einem Einzelhändler (Kunde) durch Eintragen der Ziffern 1 bis 5 zeitlich in die richtige Reihenfolge.

a Eingang der gegenüber der Bestellung unveränderten Auftragsbestätigung

b Feststellung, dass die Ware nachbestellt werden muss

c Eintreffen des Angebots

d Absenden einer Anfrage

e Bestellung mit einer geringfügigen Änderung bei den Lieferungsbedingungen

Aufgabe 15 (4 Punkte)
Welches der folgenden Rechtsgeschäfte ist nichtig?

a Einzelhändler Groß kauft von seinem Nachbarn ein Grundstück für die Vergrößerung seines Parkplatzes. Da sie beide juristisch versiert sind, beteiligen sie keinen Notar.

b Der 20-jährige Franz schließt einen Darlehensvertrag über 5.000 € für den Kauf eines Gebrauchtwagens ab.

c Udo, 15 Jahre, kauft mit Zustimmung seiner Eltern eine Übersetzungssoftware für Latein.

d Iris, 17 Jahre, schließt einen schriftlichen Ausbildungsvertrag ab. Auch ihre Eltern unterschreiben.

e Der Einzelhändler hat Ware bestellt, die ihm für 5.000,00 € angeboten worden war. Bei der Bezahlung zieht er die vereinbarten 2 % Skonto in Höhe von 150 € ab.

Aufgabe 16 (4 Punkte)
Welches der folgenden Rechtsgeschäfte kann angefochten werden?

a Ute, 24 Jahre alt, hat eine neue Jeans gekauft. Ihrem Freund Ralf gefällt die Hose aber nicht. ☐

b Einzelhändler Müller bestellt um 9.00 Uhr bei seinem Stammlieferanten Ware nach. Mit der Post um 10:30 Uhr kommt ein Angebot eines anderen Lieferanten, der die gleiche Ware erheblich günstiger anbietet. ☐

c Ingo hat sich einen neuen PC ausgesucht, der am Regal mit 450 € ausgezeichnet war. Als der PC an der Kasse eingescannt ist, zeigt das Display einen Kaufpreis von 540 €. ☐

d Über Skype bestellt Einzelhändler Lehmann bei seinem Stammlieferanten 600 Stück nach. ☐

e Eine Vase der Ming-Dynastie wird für etliche tausend Euro verkauft. Eine Woche später stellt sich zur Überraschung von Verkäufer und Käufer heraus, dass die Vase eine Fälschung ist. ☐

Aufgabe 17 (4 Punkte)
Für eine Lieferung entstehen folgende Transportkosten:
Anfuhr: 50 Euro
Verladekosten: 30 Euro
Entladekosten   30 Euro
Frachtkosten: 900 Euro
Zufuhr: 40 Euro

Berechnen Sie die vom Käufer zu tragenden Kostenanteile, wenn Folgendes vereinbart war:

a frachtfrei   ☐☐,☐☐ €

b ab hier   ☐.☐☐☐,☐☐ €

c frei Waggon   ☐☐☐,☐☐ €

Nebenrechnungen:

Aufgabe 18 (4 Punkte)
Geben Sie an, wie lange ein Kaufmann Zeit hat, eine mangelhafte Lieferung zu rügen.

a 6 Monate ☐

b 12 Monate ☐

c 1 Monat ☐

d praktisch keine Zeit, da unverzüglich gerügt werden muss ☐

e 1 Woche ☐

Prüfungsbereich: Wirtschafts- und Sozialkunde

Aufgabe 19 (4 Punkte)
Welche der aufgeführten Freizeichnungsklauseln sollte ein Lieferant in den unten aufgeführten Fällen nutzen, um keinen Schaden zu erleiden? Ordnen Sie zu!

1. solange Vorrat reicht
2. Ich biete Ihnen freibleibend an
3. Preise freibleibend

a. Der Einzelhändler erwartet ein Angebot, doch der Großhändler weiß noch gar nicht, ob er die Ware zu den geforderten Bedingungen beschaffen kann. ☐

b. Der Großhändler hat noch eine kleinere Menge eines besonders begehrten Artikels auf Lager. ☐

c. Beim Großhändler ist die Ware bereits eingetroffen, doch hat er selbst die Rechnung noch nicht bekommen. Er weiß also nicht, wie teuer die Ware für ihn wird. Der Einzelhändler möchte aber einen Preis genannt bekommen. ☐

Aufgabe 20 (4 Punkte)
Ordnen Sie den Fallbeispielen die entsprechenden Begriffe zu:

1. Kauf auf Abruf   4. Kauf nach Probe
2. Gattungskauf   5. Zielkauf
3. Fixkauf

a. Beim Kauf neuer Warenträger legt der Lieferant Musterfarben vor, die Bestandteil des Kaufvertrages werden. ☐

b. Eine Lieferung soll nur am 24. März erfolgen. ☐

c. Zahlen Sie innerhalb von 30 Tagen, bei Zahlung in zehn Tagen erhalten Sie 2 % Skonto. ☐

d. Die Bestellung lautet über 5.000 Stück, die im ersten Halbjahr 20XX auf gesonderte Anforderung geliefert werden sollen. ☐

e. Die Ware ist in fast unbegrenzter Menge und gleichartiger Qualität lieferbar. ☐

Aufgabe 21 (4 Punkte)
Welche beiden folgenden Fehler bei einer Lieferung zählen nicht als Sachmangel?

a. Fehler in der Beschaffenheit ☐

b. Abweichung von der Werbeaussage ☐

c. nicht rechtzeitige Lieferung ☐

d. eine andere Ware als die bestellte wird geliefert ☐

e. es wird mehr geliefert als bestellt ☐

Aufgabe 22 (4 Punkte)
Wann kann der Verkäufer die vom Käufer gewünschte Art der Nacherfüllung ablehnen?

a. Der Mangel ist unerheblich. ☐

b. Die Mängelrüge ist sofort erteilt worden. ☐

c. Wegen eines Feiertages geht die Mängelrüge erst vier Tage nach Lieferung ein. ☐

d. Die Kosten der Nacherfüllung sind unverhältnismäßig hoch. ☐

e. Die Nacherfüllung würde ca. zwei Wochen in Anspruch nehmen. ☐

Aufgabe 23 (4 Punkte)
Welcher der folgenden Termine ist im Sinne des BGB kalendermäßig bestimmbar?

a Lieferung so schnell wie möglich ☐

b Lieferung im Mai 20XX ☐

c Lieferung ab Mai 20XX ☐

d Lieferung sofort ☐

e Lieferung in 14 Tagen ☐

Aufgabe 24 (4 Punkte)
Bei vorliegendem Lieferungsverzug muss der Lieferant dem Einzelhändler den durch seine Fehlleistung entstandenen Schaden ersetzen. In welchem der folgenden Fälle handelt es sich um einen abstrakten Schadensersatz?

a Entgangener Gewinn, weil der Einzelhändler die Ware nicht verkaufen konnte ☐

b Telefonkosten, die aufgewendet wurden, um den neuen Liefertermin zu klären ☐

c Gebühren für die erfolgten Mahnschreiben an den Lieferer ☐

d Kosten, die durch die Einschaltung eines Rechtsanwalts entstanden sind ☐

e Mehrkosten für die Ware und die Lieferung, die durch einen Deckungskauf entstanden sind ☐

Aufgabe 25 (4 Punkte)
Bestimmen Sie die zutreffende Aussage zum Recyclingverhalten deutscher Verbraucher:

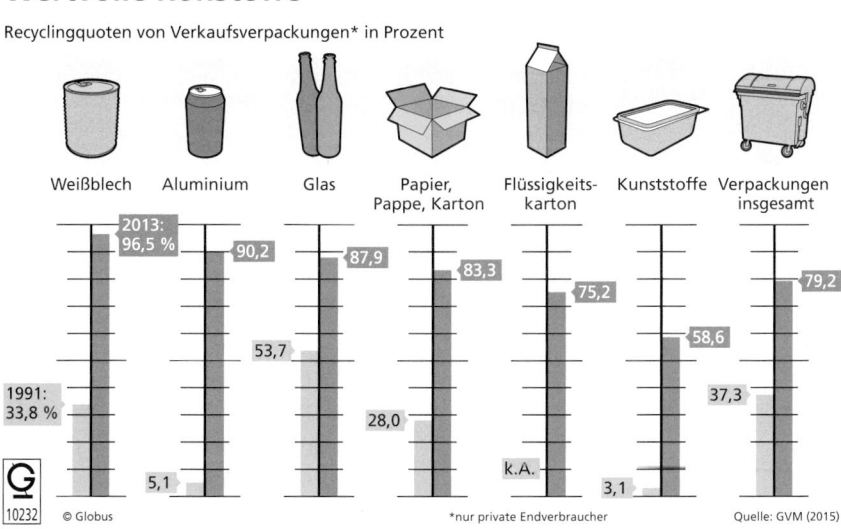

a Die Recyclingquote von Verkaufsverpackungen geht immer weiter zurück. ☐

b Die beste Recyclingquote bei Verkaufsverpackungen hatte 2013 Papier, Pappe, Karton. ☐

c Flüssigkeitskarton ist 1991 und 2013 zu 75 % recycelt worden. ☐

d Private Endverbraucher recyceln Verkaufsverpackungen 2013 zu fast 80 %. ☐

e Den größten Recyclingzuwachs von 1991 bis 2013 hatten die Verkaufsverpackungen aus Kunststoffen. ☐

Vorbemerkungen zum Fachgespräch in der Wahlqualifikation

In der „Verordnung über die Berufsausbildung" (umgangssprachlich Ausbildungsverordnung) wird in § 17 zum Prüfungsbereich Fachgespräch in der Wahlqualifikation Folgendes festgelegt:

> (1): „Im Prüfungsbereich **Fachgespräch in der Wahlqualifikation** soll der Prüfling nachweisen, dass er in der Lage ist,
> 1. berufstypische Aufgabenstellungen zu erfassen Probleme und Vorgehensweisen zu erörtern, Problemlösungen zu entwickeln und zu begründen sowie dabei Warenkenntnisse zu nutzen und
> 2. kunden- und serviceorientiert zu handeln und dabei wirtschaftliche und ökologische Zusammenhänge zu berücksichtigen sowie Rechtsvorschriften anzuwenden. [...]
> (3): Weiterer Inhalt des fallbezogenen Fachgespräches ist der im Betrieb vermittelte und im Ausbildungsnachweis dokumentierte **Warenbereich**.

Gerade aus dem letzten Satz ergibt sich die besondere Bedeutung der so genannten mündlichen Prüfung für das Gesamtergebnis der Prüfung. In diesen 20 Minuten – nimmt man die Vorbereitungszeit dazu, sind es 35 Minuten – wird also eine gleich wichtige Leistung erbracht wie in den 210 Minuten der schriftlichen Prüfung. Umso bedeutender ist eine sorgfältige Vorbereitung des Fallbezogenen Fachgesprächs.

Vorbereitung Teil 1: Wahlqualifikation und Warenbereich

Diese Vorbereitung beginnt schon bei der Auswahl der Wahlqualifikation. Für die Verkäuferinnen und Verkäufer stehen folgende Wahlqualifikationen zur Verfügung:

1. Sicherstellung der Warenpräsenz
2. Beratung von Kunden
3. Kassensystemdaten und Kundenservice
4. Werbung und Verkaufsförderung

Die Aufgabenstellung beim Fachgespräch bezieht sich auf den gewählten Bereich. Welche Fertigkeiten und Kenntnisse zur jeweiligen Wahlqualifikation gehören, finden Sie bei den Lösungen zu den Fallbezogenen Fachgesprächen.

In der Vorbereitungszeit zur mündlichen Prüfung werden Ihnen zwei Situationen vorgelegt, von denen Sie eine als Prüfungsaufgabe bestimmen. In dieser Prüfungsaufgabe muss der im Berichtsheft dokumentierte Warenbereich eine Rolle spielen. Bei den meisten Kammern wird dieser Warenbereich bei der Anmeldung zur Prüfung benannt. Also müssen Sie sehr genau darauf achten, welchen Warenbereich Sie wählen bzw. welcher Warenbereich von Ihrem Ausbilder dort eingetragen worden ist. Bewahren Sie eine Kopie der Prüfungsanmeldung gut auf, damit Sie sich in der heißen Phase der Vorbereitung vergewissern können, welches Ihr Warenbereich und Ihre Wahlpflichtqualifikation sind.

Vorbereitung Teil 2: Wissen aktiv halten

Versuchen Sie in den sechs bis acht Wochen, die möglicherweise bis zur mündlichen Prüfung vergehen, Ihr Wissen, das Sie sich für die schriftlichen Prüfungen angeeignet haben, weiterhin aktiv zu halten! Sehen Sie sich dazu regelmäßig ihre Vorbereitungsunterlagen für die schriftliche Prüfung an. Versuchen Sie dabei, den Schwerpunkt auf diejenigen Wissensbereiche zu setzen, die zur Ihrer Wahlqualifikationseinheit gehören. Nutzen Sie die Übungsmöglichkeiten mit den hier vorgelegten Aufgaben. Sie können so eine Arbeitsweise einüben, die Sie am Prüfungstag routiniert einsetzen können. Tragen Sie Ihre Lösungen als Übung jemandem vor, z. B. einem Freund, Ihren Eltern, Ihrer Schwester. Üben Sie notfalls allein vor einem Spiegel!

Vorbereitung Teil 3: Positive Einstellung

Stellen Sie sich positiv auf Ihr Fachgespräch ein! Es gibt in der Bundesrepublik hunderte von Prüfungsausschüssen für die mündliche Prüfung. Alle Prüfungsausschüsse müssen sich dabei an die Ausbildungsverordnung halten. Alle Mitglieder des Prüfungsausschusses freuen sich, wenn die Prüflinge, die von Ihnen geprüft worden sind, bestanden haben. Jeder Prüfungsausschuss besteht aus mindestens drei Mitgliedern: einem Arbeitnehmervertreter, einem Arbeitgebervertreter und einem Berufsschullehrervertreter. Größere Ausschüsse sind nicht ausgeschlossen, ebenso können eventuell Gäste anwesend sein. Aber egal, wie viele Leute Ihnen gegenübersitzen: Keiner von ihnen freut sich, wenn die Prüfung missglückt. Achten Sie deshalb während des Prüfungsgesprächs auf versteckte Hilfen. Richtig ist aber auch, dass Sie ohne Sachkenntnis eine Prüfung selbstverständlich nicht bestehen können. Sorgen Sie also dafür, dass Sie entsprechende Kenntnisse haben. Damit sind auch Warenkenntnisse aus dem gewählten Warenbereich gemeint.

Vorbereitung Teil 4: Bearbeitung der Aufgabenstellung in der Vorbereitungszeit

Wenn Sie sich nun daranmachen, die nachfolgenden Fallbezogenen Fachgespräche zu bearbeiten, dann bedenken Sie, dass die Vorbereitungszeit 15 Minuten beträgt. In diesen 15 Minuten müssen Sie den Sachverhalt lesen und bearbeiten. Gehen Sie am besten wie folgt vor:

- Nehmen Sie gleich beim ersten Lesen einen Stift oder Marker zur Hand und unterstreichen Sie in der Aufgabenstellung wichtige Schlüsselwörter.
- Schreiben Sie sich diese Schlüsselwörter auf einen Zettel, auf dem Sie dann die Problemstellung in einer Kurzform mit eigenen Worten notieren.
- Hinter die Schlüsselwörter schreiben Sie in Stichworten, was dazu gehört, um die Problemstellung zu lösen. Schreiben Sie keine vollständigen Sätze. Wenn Sie die im Prüfungsgespräch vorlesen, gerät die Prüfung zu einer Vorlesung, aber nicht zu dem in der Verordnung geforderten Gespräch. Außerdem ist die Vorbereitungszeit für Sätze zu kurz.
- Gehen Sie in den letzten fünf Minuten Ihren Gedankenzettel noch einmal durch und prüfen Sie ihn auf Richtigkeit, nehmen Sie ggf. noch kurze Ergänzungen und Verbesserungen vor.
- Machen Sie sich klar, dass Sie die Hälfte der Punktzahl durch die schriftliche Prüfung schon erreicht haben und dass die Prüfungskommission sich bemühen wird, Sie bestehen zu lassen. Gehen Sie gelassen in den Prüfungsraum. Sie können gelassen sein, weil Sie sich in der Vorbereitungszeit Ihr Gedankengerüst zur Lösung des Prüfungsfalles gut überlegt haben.

Jetzt geht es los!

Für den Prüfungstag haben Sie vorgesorgt, indem Sie sich über den Prüfungsort und den Weg dorthin genau informiert haben, sodass Sie rechtzeitig dort sein können. Sie sind am Vorabend der Prüfung rechtzeitig zu Bett gegangen, sodass Sie gut ausgeruht an Geist und Seele sind. Sie haben sich gut gepflegt und eine Kleidung gewählt, die zu Ihnen und zu diesem Anlass passt. Sie haben das Prüfungsgespräch – wie in der Vorbereitung Teil 4 beschrieben – eingeübt und begrüßen nun beim Betreten des Prüfungsraums die Prüfungskommission freundlich und passend zur Tageszeit.

Dann wird sich die Prüfungskommission Ihnen vorstellen, Ihnen Glück für die folgenden 20 Minuten wünschen und Sie bitten, mit Ihren Ausführungen zu beginnen. In der Regel brauchen Sie die Aufgabe nicht vorzulesen, da jedes Prüfungsmitglied eine Kopie der Aufgaben vorliegen hat.

Sie starten mit der Kurzfassung der Problemstellung mit eigenen Worten, so wie Sie sich diese in der Vorbereitungszeit notiert haben. Dann gehen Sie die Probleme der Reihe nach in freier Rede durch. Sie nutzen dabei den Zettel, den Sie während der Vorbereitungszeit angefertigt haben. Suchen Sie den Blickkontakt mit dem Prüfungsausschuss und setzen Sie Ihre Stimme so ein, wie Sie es im Lernfeld 2 für das Verkaufsgespräch gelernt haben.

Lassen Sie sich durch Zwischenfragen nicht aus dem Konzept bringen. Wenn Sie die Frage nicht verstanden haben, sagen Sie es, damit der Fragesteller seine Frage noch einmal anders formuliert. Überlegen Sie nicht „Was will der/die denn nun schon wieder wissen?", sondern überlegen Sie: „Was kann ich sachlich dazu beitragen?"

Versuchen Sie nicht, Wissen vorzutäuschen, das nicht vorhanden ist. Wenn Ihnen etwas überhaupt nicht einfällt, können Sie es der Prüfungskommission sagen. Da Sie gut vorbereitet sind, wird Ihnen das nicht allzu oft passieren. Es handelt sich hier um ein Gespräch – also Rede und Gegenrede – zwischen Fachleuten. Es ist keine Inquisition (peinliche Befragung, gar Folter), sondern die Möglichkeit zu zeigen, dass Sie das Gelernte anwenden können.

Ist das Prüfungsgespräch beendet, wird Sie der Prüfungsausschussvorsitzende bitten, den Prüfungsraum zu verlassen, sodass die Prüfungskommission über Ihr erzieltes Ergebnis beraten kann. Nach dem Ende der Beratung werden Sie dann noch einmal kurz in den Prüfungsraum gebeten, wo Ihnen der Prüfungsausschussvorsitzende das Ergebnis mitteilt und Ihnen mindestens eine Bescheinigung für Ihren Ausbilder aushändigt, in der (hoffentlich) stehen wird, dass Sie die Prüfung bestanden haben und dass damit Ihre Ausbildung beendet ist.

Fachgespräch zur Wahlqualifikation 1: Sicherstellung der Warenpräsenz

Situation
Branche: Lebensmittel
Warenbereich: Tiefkühlkost

Tiefkühlkost wird von vielen Kunden der frischen Ware und den Konserven vorgezogen. Die Kunden sind bereit, dafür mehr zu bezahlen, stellen aber auch hohe Ansprüche an die Qualität. Sie sind in der Abteilung Tiefkühlkost eingesetzt und werden von Ihrem Ausbilder angewiesen, äußerst sorgfältig mit dieser „empfindlichen" Warengruppe umzugehen.

Sie erhalten durch eine Spedition eine Warenlieferung Tiefkühlkost. Beschreiben Sie, warum eine Wareneingangskontrolle notwendig ist und wie Sie die Annahme und Prüfung der Warensendung durchführen. Wie verhalten Sie sich bei Feststellung eines Mangels?

Erklären Sie, was Sie bei einer sachgerechten Lagerung von Tiefkühlprodukten in die Kühlgeräte berücksichtigen müssen.

Die Qualitätssicherung kann nur durch eine regelmäßige Kontrolle der Kühlgeräte und der Tiefkühlprodukte gewährleistet werden. Wie gehen Sie bei der Kontrolle vor? Welche rechtlichen Vorschriften müssen Sie dabei beachten?

Nennen Sie mögliche Folgen einer unsachgemäßen Lagerung von Tiefkühlprodukten.

Platz für Stichpunkte

Fachgespräch zur Wahlqualifikation 2: Beratung von Kunden

Situation
Branche: Kosmetik
Warenbereich: Düfte

Es ist Weihnachtszeit. Die Kunden strömen in Ihren Ausbildungsbetrieb und suchen passende Weihnachtsgeschenke. Ein junger Mann, ca. 25 Jahre, betritt Ihre Abteilung. Im Zuge des Verkaufsgespräches erfahren Sie, dass er ein Weihnachtsgeschenk für seine Mutter sucht. Zeigen Sie die Besonderheit dieser Verkaufssituation auf und bieten Sie Lösungsansätze an, wie Sie diese Verkaufssituation kunden- und dienstleistungsorientiert zu einem erfolgreichen Abschluss führen.

Stellen Sie den Ablauf des Verkaufsgespräches dar, indem Sie auf die Phasen des Verkaufsgespräches eingehen und diese am Warenbeispiel Düfte verdeutlichen. Gehen Sie dabei auf Produktunterschiede im Rahmen der Düfte ein und schlagen Sie aktuelle Düfte entsprechend der Bedarfsanalyse vor.

Nach Weihnachten kommt der Kunde erneut in Ihren Ausbildungsbetrieb, zusammen mit seiner Mutter. Beide sind sehr erregt und aufgebracht. Er möchte den Duft, den Sie ihm als Geschenk für seine Mutter verkauft haben, bei Ihnen umtauschen. Der Duft verursacht auf der Haut seiner Mutter eine allergische Reaktion. Am Heiligabend hatte die Mutter starken Juckreiz und Ausschlag, sodass sie sich nicht getraut hat, abends in die Kirche zu gehen.

Gehen Sie auf die rechtliche Situation ein und schildern Sie, wie Sie die Situation kundenorientiert lösen und dabei aber die Interessen des Unternehmens nicht aus den Augen verlieren.

Platz für Stichpunkte

Fachgespräch zur Wahlqualifikation 3: Kassensystemdaten und Kundenservice

Situation
Branche: Do it yourself (Heim und Handwerk)
Warenbereich: Farben und Malerbedarf

Sie haben heute die erste Kassenschicht in Ihrem Unternehmen. Sie bereiten sich und die Kasse dafür vor. Der Kundenstrom ist zu dieser Zeit noch übersichtlich. Der erste Kunde, der zu Ihnen kommt, ist Herr Schmitz, ein Handwerker, der im Sanitärbereich arbeitet. Herr Schmitz ist Stammkunde bei Ihnen. Doch heute möchte er keine Sanitärartikel kaufen, sondern zwei 5-Liter-Eimer weißer Dispersionsfarbe einer hochwertigen Marke. Der Eimer kostet 8,95 €. Sie wissen aber, dass ein 10-Liter-Eimer der gleichen Farbe für 14,95 € in Ihrem Fachmarkt erhältlich ist. Der 10-Liter-Eimer der Handelsmarke kostet 9,95 €. Herr Schmitz hat zudem noch eine Lammfellrolle und ein Plastikabstreifgitter dabei. Beiden Artikeln fehlt aber die Artikelnummer. Er erzählt Ihnen, dass er die Wohnung seiner 19-jährigen Tochter streichen möchte, die nun ihre erste eigene Wohnung bezieht.

Schildern Sie, wie Sie sich in dieser Situation verhalten und was Sie zu Herrn Schmitz sagen. Drücken Sie das auch in wörtlicher Rede aus!

- Beginnen Sie bei den Kassenvorbereitungen bei sich und dann aber auch für die Organisation an der Kasse.
- Beschreiben Sie genau, wie und warum Sie sich an der Kasse anmelden.
- Wie begrüßen Sie den Handwerker? Bei einem Kollegen haben Sie mal die Anrede „Guten Morgen, Meister" gehört. Was halten Sie von dieser Anrede?
- Wie führen Sie das Gespräch mit Herrn Schmitz weiter? Erläutern Sie dabei auch, was Dispersionsfarben sind und warum es bei diesen Farben nennenswerte Preisunterschiede gibt.
- Sie erfahren, dass Herr Schmitz ca. 90 m² zu streichen hat. Beraten Sie ihn hinsichtlich eventueller Ergänzungsangebote.
- Da zwei Artikel nicht ausgezeichnet sind, rät Ihnen Herr Schmitz, einfach nur die Preise einzugeben. Warum werden Sie diesem Ratschlag nicht folgen?
- Herr Schmitz möchte mit seiner Debitkarte (früher: EC-Karte) zahlen. Wie gehen Sie vor?
- Verabschieden Sie Herrn Schmitz kundenorientiert.

Nach drei Stunden geht Ihre Zeit an der Kasse zu Ende. Schildern und begründen Sie die notwendigen Tätigkeiten, die Sie in Ihrem Unternehmen dann ausführen müssen.

Platz für Stichpunkte

Fachgespräch zur Wahlqualifikation 4: Werbung und Verkaufsförderung

Situation
Branche: Bekleidung
Warenbereich: Bademoden

Aufgrund rückläufiger Umsatzzahlen im Bereich Bademoden erhalten Sie verschiedene Aufträge von Ihrem Abteilungsleiter. Er bittet Sie,

- die Warenpräsentation in den verkehrsschwachen Verkaufsraumzonen zu verbessern,
- die bereits angebotenen Serviceleistungen zu analysieren und sie gegebenenfalls zu erweitern und
- die folgenden Zeitungsanzeigenentwürfe eines Kollegen zu kontrollieren.

Machen Sie in unserem Gespräch klar, wo die Unterschiede zwischen den verkaufsschwachen und verkaufsstarken Verkaufsraumzonen liegen. Machen Sie Vorschläge zur Aufwertung von verkaufsschwachen Zonen. Erklären Sie alle Regalzonen und ordnen Sie verschiedene Waren in diese Regalzonen ein. Nennen Sie auch die einzelnen Höhen der Regalzonen. Serviceleistungen in einem Unternehmen spielen eine große Rolle. Nennen Sie diese! Prüfen Sie, ob die beiden Anzeigen gegen Bestimmungen aus dem Gesetz gegen den unlauteren Wettbewerb (UWG) verstoßen!

Platz für Stichpunkte

Lösungsvorschläge Prüfung 1

Prüfungsbereich Verkauf und Werbemaßnahmen (S. 8–13)

Aufgabe 1 (vgl. LF 6, Kapitel 2)
Nutzung des Internets für den Einkauf, z. B.:
- zur Sammlung von Informationen über Lieferanten bezüglich Preisen, Sortimenten und Angebotsbedingungen
- Durchführung von Preisvergleichen zwischen den Lieferanten
- Suche nach neuen Artikeln zur Erweiterung des Sortiments
- Abwicklung von Einkäufen durch Online-Bestellungen
- Powershopping (auch Pooling genannt) – Zusammenschluss mehrerer Kaufinteressenten über das Internet, um bessere (Mengen-)Konditionen zu erzielen

Aufgabe 2 (vgl. LF 1, Kapitel 9)

a Im Vorwahlsystem ist es der Kunde gewöhnt, sich im Geschäft ungestört und selbstständig umzuschauen. Nur in bestimmten Fällen erwartet der Kunde eine Beratung seitens des Verkaufspersonals. In diesem Fall kommt der Kunde auf das Verkaufspersonal zu, um beraten zu werden. Der Kunde zeigt häufig ein unbewusstes Verhalten, welches erkennen lässt, dass er Hilfe benötigt. Der Verkäufer erkennt die Signale, wie suchender Blick, Beschäftigung mit der Ware, es ist dann seine Aufgabe, den Kunden anzusprechen.

Das Ziel der Kunden bei der Selbstbedienung ist das ungestörte Zusammenstellen seiner Waren im Geschäft. Aus diesem Grunde erwartet der Kunde keine Kontaktaufnahme seitens des Verkäufers. In manchen Fällen spricht der Kunde einen Verkäufer an, um zu erfahren, wo die gesuchte Ware zu finden ist. Anschließend setzt sich der Kunde mit diesem Artikel alleine auseinander.

b Beispielsweise: Bedienung
In einem Einzelhandelsgeschäft mit Bedienungssystem sollte man Kunden direkt wahrnehmen und sofort Kontakt aufnehmen. Man tritt dem Kunden freundlich entgegen. Die Begrüßung wird so formuliert, dass der Kunde dies als ein freundliches Entgegenkommen empfindet. Wenn der Kunde im Geschäft als Stammkunde bekannt ist, wird er selbstverständlich mit seinem Namen begrüßt.

Beim Automatenverkauf ist kein Verkaufspersonal notwendig. Automatenverkauf erfolgt häufig an besonders stark frequentierten Stellen wie Bahnhöfen, Fußgängerzonen, Hotelhallen und Schulen. Der Käufer kann rund um die Uhr die gewünschten Waren erwerben. Artikel wie Heiß- und Kaltgetränke, Zigaretten, Süßigkeiten und Hygieneartikel werden über Automaten vertrieben.

c Beispielsweise: Discounter, Supermarkt, Warenhaus, Verbrauchermarkt, Fachmarkt, Factory-Outlet, Conveniencestore

Aufgabe 3 (vgl. LF 3, Kapitel 5.4)

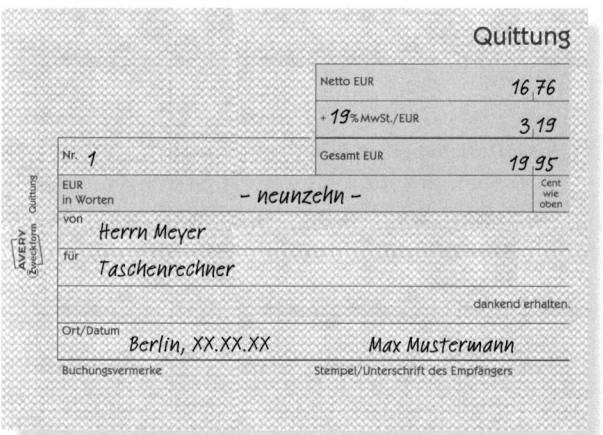

Die Quittung muss enthalten:
- Zahlungsbetrag in Ziffern
- Zahlungsbetrag in Buchstaben
- Umsatzsteuerbetrag (ab 250 Euro, brutto)
- Name des Zahlenden
- Zahlungsgrund
- Bestätigung des Empfangs
- Ort und Datum der Ausstellung
- Unterschrift des Zahlungsempfängers

Aufgabe 4 (vgl. LF 4, Kapitel 1.2)

a

Nr.	Beurteilung	Begründung
1	verkaufsschwach	Eingangsbereich: Kunden kommen mit Schwung in den Laden und müssen hier durch attraktive Produkte gestoppt werden.
2	verkaufsschwach	Hinterer Teil des Verkaufsraumes: Kunden kommen auf ihrem direkten Weg nicht in diesen Bereich.
3	verkaufsstark	Kassenzone: Bei Wartezeiten an der Kasse verweilen Kunden hier länger und lassen den Blick schweifen.
4	verkaufsstark	Kunden gehen auf direktem Weg hier zur Kasse.

b Kunden tendieren dazu, verstärkt auf die rechts stehenden Waren zu achten (Linkslauf und Rechtsdrall). Ursache: Die meisten Menschen sind Rechtshänder und orientieren sich mehr nach rechts. Untersuchungen haben ergeben, dass Kunden scharfe Richtungswechsel vermeiden und schnell die Eingangszone durchlaufen.

c

Artikel	Beispiele	Verkaufszone	Begründung
Suchartikel	Eier, Brot, Kaffee	hinterer Teil des Verkaufsraumes	Kunde benötigt diesen Artikel, ist darauf angewiesen. Somit wird der Kunde durch den ganzen Laden geführt.
Aktionsartikel	alle Artikel aus der aktuellen Werbung	Mittelzone, Kopfseite von Regalen	Kunde soll aufmerksam auf die Aktionsware werden.
Impulsartikel	Süßwaren an der Kasse	Kassenzone oder Kopfseite von Regalen	Während des Anstehens an der Kasse soll der Artikel den Kaufimpuls beim Kunden wecken.

Aufgabe 5 (vgl. LF 4, Kapitel 1.3)

a Visual Merchandising = aufeinander abgestimmte wirkungsvolle Ladengestaltung und Warenpräsentation.
Durch das Visual Merchandising soll beim Kunden ein Kaufwunsch geweckt werden, indem eine angenehme Atmosphäre geschaffen wird, die den Kunden zum Verweilen einlädt. Somit kann der Kunde die Ware und besondere Präsentationen viel besser wahrnehmen. Weiterhin soll das Warenangebot klar und übersichtlich gegliedert sein und Einzelstücke sollen optisch hervorgehoben werden. Außerdem soll die Kundenführung so gestaltet sein, dass die Kunden möglichst an der Ware vorbeigeführt werden.

Zu den Merkmalen des Visual Merchandising gehören:
- Dekoration
- Farben
- Warenträger
- Beleuchtung

b Beispielsweise:
- Zur Dekoration gehören Blenden, Rahmen, Vorhänge, Dekors, Decken- und Wandschmuck. Durch die Gestaltung eines Fascination-Points erleben die Kunden die Ware in einem möglichen Gebrauchsumfeld.

- Licht schafft Atmosphäre, unterteilt den Raum, setzt Akzente, leitet die Blicke der Kunden, führt den Kunden durch das Geschäft, macht Preisauszeichnungen gut lesbar und ermöglicht die genaue Prüfung der Ware. Mit einer gezielten Beleuchtung kann hochwertige Ware angestrahlt und so hervorgehoben werden. Durch künstliches Licht können Farbtöne z. B. bei Obst intensiver dargestellt werden.
- Farben beeinflussen die Stimmung der Kunden. Jeder Farbe wird eine bestimmte Wirkung zugeschrieben. Der Verkaufsraum kann farblich so gestaltet werden, dass die Ware vorteilhaft und ansprechender erscheint.
- Warenträger dienen zur Lagerung von Waren und sind Teil der Ladeneinrichtung. Sie vermitteln unterschiedliche Botschaften über die präsentierte Ware. In einer Glasvitrine kann eine besonders kostbare und exklusive Ware präsentiert werden. Die Glasvitirine wirkt wie eine Schatztruhe.

Aufgabe 6 (vgl. LF 2, Kapitel 2.9)

a Man unterbreitet dem Kunden Ergänzungen, um den Umsatz der Abteilung zu steigern. Das führt dazu, dass der Hauptkauf sinnvoll ergänzt und ggf. erst funktionsfähig wird. Indem man den Kunden an dieser Stelle auf die sinnvolle oder notwendige Ergänzung aufmerksam macht, wird gezeigt, dass der Verkäufer mitdenkt und dem Kunden dadurch zusätzliche Wege, Zeit, ggf. Ärger und Geld erspart bleiben. Nichts ist ärgerlicher, als wenn man voller Vorfreude etwas Neues ausprobieren möchte und zu Hause feststellt, da fehlt noch etwas. Erst mit dem passenden Ergänzungsangebot bietet der Verkäufer eine echte Problemlösung an.

b Notwendige Ergänzungsartikel sind Artikel, ohne die der jeweilige Hauptkauf nicht funktioniert. Sie sollten auf jeden Fall angeboten werden.

Hauptartikel	Ergänzungsartikel
Gameboy	Batterie
Digitalkamera	Akku
Espressomaschine	Kaffeebohnen
Drucker	Papier

Sinnvolle Ergänzungsartikel sind Artikel, die den Gebrauchswert des Hauptartikels erweitern, erleichtern oder verbessern. Sie sind aber für den Gebrauch nicht zwingend notwendig.

Hauptartikel	Ergänzungsartikel
Bohrmaschine	Bohrerset
Schuhe	Schuhcreme
Parfum	Duschgel derselben Serie
Handy	Handytasche

Diese beiden Arten der Ergänzungsartikel stehen in ihrem Gebrauch im engen Zusammenhang mit dem Hauptartikel, sie ergänzen diesen. Preislich sollten sie deshalb unter dem eigentlichen Hauptartikel liegen.

c Grundsätzlich gilt die Regel, dass der Verkäufer einen Ergänzungsartikel nach der Kaufentscheidung des Hauptartikels, aber vor der Zahlung dieses Artikels, anbieten sollte.
Begründung: Vor der Kaufentscheidung verwirrt die Ergänzung den Kunden nur – er sieht primär die zusätzlichen Kosten, die auf ihn zukommen, und er hat den Eindruck, ohne Ergänzung taugt der Artikel nichts. Befindet sich der Kunde bereits auf dem Weg zur Kasse, ist der Moment für ein Ergänzungsangebot verpasst. Der Kunde hat mit seiner Kaufentscheidung abgeschlossen und sein Budget festgelegt, wie viel er jetzt ausgeben möchte. Ebenso ungünstig für ein Ergänzungsangebot ist der Moment an der Kasse nach dem Bezahlen.

d Beispielsweise: „Diese Kamera ist batteriebetrieben. Sie benötigen dafür eine 1,2-Volt-Batterie, wie diese hier. Sie ist ganz einfach einzulegen. Darf ich Ihnen die Batterie gleich einlegen?"

Prüfungsbereich Warenwirtschaft und Kalkulation (S. 14–24)

Aufgabe 1 (vgl. Warenwirtschaftssystem)
c

Aufgabe 2 (vgl. Warenwirtschaftssystem)
c

Aufgabe 3 (vgl. Warenwirtschaftssystem)
b

Aufgabe 4 (vgl. Warenwirtschaftssystem)
d

Aufgabe 5 (vgl. LF 7, Kapitel 6
c, e

Aufgabe 6 (vgl. LF 7, Kapitel 6
a 2   e 4, 10, 8
b 11   f 7, 12
c 3   g 1, 9
d 6   h 5

Aufgabe 7 (vgl. LF 7, Kapitel 3.4.1)
c

Aufgabe 8 (vgl. LF 7, Kapitel 3.4)
a 2   d 2
b 3   e 3
c 1   f 1

Aufgabe 9 (vgl. LF 7, Kapitel 3.4.1)
a Bedarf in der Lieferzeit = durchschnittlicher Tagesabsatz · Lieferzeit
   26 · 12 = 312 Stück

b Meldebestand = Mindestbestand + (Ø Tagesabsatz · Lieferzeit)
   (3 · 26) + (26 · 12) = 390 Stück

Aufgabe 10 (vgl. LF 7, Kapitel 1)
a

Aufgabe 11 (vgl. LF 7, Kapitel 3)
e

Aufgabe 12 (vgl. LF 7, Kapitel 1)
d, f, g

Aufgabe 13 (vgl. LF 7, Kapitel 1)
a 5   d 6
b 3   e 2
c 1   f 4

Aufgabe 14 (vgl. LF 3, Kapitel 2)
a 3   c 2
b 1   d 1

Aufgabe 15 (vgl. Warenwirtschaftssystem)
a 1   c 3
b 1   d 2

Aufgabe 16 (vgl. LF 3, Kapitel 2)
e

Aufgabe 17 (vgl. LF 8, Kapitel 2)
26.155,28 − 415,67 − 6.023,59 + 11.096,36 − 13.568,50 − 689,00 + 4.568,72 = 21.123,60 €

Aufgabe 18 (vgl. LF 3, Kapitel 8.1)
560 · 40 = 22.400 ml

$\frac{22.400}{30} = 746{,}67$ Kunden

746 − 560 = 186 Kunden

Aufgabe 19 (vgl. LF 3, Kapitel 8.1)
150,00 → 5.000,00
240,00 → ?

$\frac{5.000{,}00 \cdot 240{,}00}{150} = 8.000{,}00\,€$

Aufgabe 20 (vgl. LF 6, Kapitel 5 und LF 9)
a 130 · 18,00 = 2.340 €

b 320 (130 + 190) → 175,00
   190 →
   $\frac{175{,}00 \cdot 190}{320} = 103{,}91\,€$

c $25{,}00 + \frac{103{,}91}{190} = 25{,}55\,€$

Aufgabe 21 (vgl. LF 3, Kapitel 8.2)
a 15 → 35,60
   100 → ?
   $\frac{35{,}60 \cdot 100}{15} = 237{,}33\,€$

b 237,33 − 35,60 = 201,73 €

Aufgabe 22 (vgl. LF 3, Kapitel 8.2)
a 8 · 8,00 + 8 · 8,00 + 8 · 8,00 = 192,00 €

b (8 · 12,50 + 8 · 10,50 + 8 · 11,00) − 192,00 = 80,00 €

c 272 → 100
   80 → ?
   $\frac{100 \cdot 80}{272} = 29{,}41\,\%$

Aufgabe 23 (vgl. LF 3, Kapitel 8.2 und 8.3)

a 123.000 + 89.000 + 91.000 + 69.000 + 84.000 + 85.000 + 78.000 + 95.000 + 86.000 + 97.000 + 101.000 + 165.000 = 1.163.000

$\frac{1.163.000}{12} = 96.916,67\,€$

b 123.000 + 89.000 + 91.000 + 69.000 + 84.000 + 85.000 + 78.000 + 95.000 + 86.000 + 97.000 + 101.000 + 165.000 = 1.163.000 €

100 → 1.163.000
? → 165.000

$\frac{100 \cdot 165.000}{1.163.000} = 14,19\,\%$

Aufgabe 24 (vgl. LF 3, Kapitel 8.2, und LF 6, Kapitel 5)

a 6 · 2.890,00 = 17.340 €

b $\frac{17.340}{9} = 1.926,67\,€$

c 2.890,00 → 100
   963,33 → ?

$\frac{963,33 \cdot 100}{2.890,00} = 33,33\,\%$

Aufgabe 25 (vgl. LF 3, Kapitel 8.2 und LF 9)

a 15,60 · 356 = 5.553,60 €
b 5.553,60 · 15 % = 833,04 €

c $\frac{5.553,90 - 833,04}{356}$

= 13,26 € Zieleinkaufspreis je Stück

100 → 13,26
 ? → 0,27

$\frac{100 \cdot 0,27}{13,26} = 2\,\%$

d 13,26 − 0,27 = 12,99 €

$12,99 + \frac{125,00}{356} = 13,34\,€$

e 12,99 · 356 = 4.624,44 €

Berechnung für die Gesamtmenge:

	Listeneinkaufspreis	5.553,60
−	Rabatt	833,04
=	Zieleinkaufspreis	4.720,56
−	Skonto	96,12
=	Bareinkaufspreis	4.624,44
+	Bezugskosten	125,00
=	Bezugspreis	4.749,44

c $96,12 \cdot \frac{100}{4720,56} = 2\,\%$ (auf eine Stelle gerundet)

d $\frac{4.749,44}{356} = 13,34\,€$

e Die Beska GmbH muss dem Lieferanten den Bareinkaufspreis von 4.624,44 € überweisen.

Prüfungsbereich Wirtschafts- und Sozialkunde (S. 25–32)

Aufgabe 1 (vgl. LF 7, Kapitel 2.5)
e

Aufgabe 2 (vgl. LF 10, Kapitel 8)
d

Aufgabe 3 (vgl. LF 7, Kapitel 2.2)
a 3   d 3
b 2   e 2
c 1

Aufgabe 4 (vgl. LF 6, Kapitel 3.1)
a 1   d 3
b 2   e 1
c 1

Aufgabe 5 (vgl. LF 3, Kapitel 7.2)
a 3   d 2
b 2   e 3
c 1

Aufgabe 6 (vgl. LF 3, Kapitel 7.5)
a 1   d 4
b 3   e 1
c 2

Aufgabe 7 (vgl. LF 7, Kapitel 2.4.1)
d

Aufgabe 8 (vgl. LF 1, Kapitel 11.3)
a 3   d 1
b 2   e 3
c 2

Aufgabe 9 (vgl. LF 1, Kapitel 11)
c

Aufgabe 10 (vgl. LF 1, Kapitel 11.1.3)
a 2   d 1
b 1   e 3
c 1

Aufgabe 11 (vgl. LF 4, Kapitel 3.1, und LF 5, Kapitel 4)
a 3 d 2
b 3 e 1
c 1

Aufgabe 12 (vgl. LF 1, Kapitel 11)
c

Aufgabe 13 (vgl. LF 1, Kapitel 5.1.6)
a, b, f

Aufgabe 14 (vgl. LF 1, Kapitel 2.1)
b

Aufgabe 15 (vgl. LF 1, Kapitel 4)
b

Aufgabe 16 (vgl. LF 1, Kapitel 5.2)
a 3 c 4
b 5 d 1

Aufgabe 17 (vgl. LF 1, Kapitel 1.5)
b und c

Aufgabe 18 (vgl. LF 1, Kapitel 5)
a

Aufgabe 19 (vgl. LF 1, Kapitel 2)
d, e

Aufgabe 20 (vgl. LF 1, Kapitel 2)
b

Aufgabe 21 (vgl. LF 1, Kapitel 2)
c

Aufgabe 22 (vgl. LF 1, Kapitel 5.2)
a 5 c 5
b 6 d 7

Aufgabe 23 (vgl. LF 1, Kapitel 5.2)
a 2 c 4
b 1 d 3

Aufgabe 24 (vgl. LF 5, Kapitel 5)
a, c

Aufgabe 25 (vgl. LF 5, Kapitel 5.5)
a 3 f 5
b 9 g 8
c 7 h 2
d 1 i 6
e 4

Lösungsvorschläge Prüfung 2

Prüfungsbereich Verkauf und Werbemaßnahmen (S. 33–37)

Aufgabe 1 (vgl. LF 3, Kapitel 6.2)

a Eine girocard-Zahlung erfordert an der Ladenkasse die Eingabe einer PIN (= persönliche Identifikationsnummer). Der Zahlungsvorgang dieses Zahlungssystems ist bei allen POS-Stellen des Handels gleich und läuft wie folgt ab:
  1. Der Verkäufer gibt den Zahlungsbetrag in die Kasse ein.
  2. Der Kunde steckt dann seine Debitkarte in das Kartenlesegerät. Die Karte und das Kartenlesegerät sind miteinander verbunden, sodass der Geldbetrag im Lesegerät erscheint.
  3. Der Kunde muss den Betrag durch „ok" bestätigen.
  4. Der Kunde gibt seine PIN ein und bestätigt durch „ok".
  5. Folgende Eingaben werden dann online beim zuständigen Rechenzentrum der kontoführenden Bank überprüft:
     – Stimmen Karte und PIN überein?
     – Ist die Karte gesperrt?
     – Ist genug Geld auf dem Konto?
  6. Die Bestätigung der Zahlung wird durch den Hinweis „Zahlung erfolgt" angezeigt.
  7. Der Kunde erhält einen Beleg als Zahlungsnachweis und seine Karte zurück.

b Die Geldkarte, welche auch den Namen „elektronisches Portmonee" besitzt, funktioniert ähnlich wie eine Telefonkarte. Die Karte kann nur dann als Geldkarte genutzt werden, wenn sie mit einem Chip versehen ist. An speziellen Ladenterminals der Hausbank wird die Geldkarte (der Chip) bis zu maximal 200,00 € aufgeladen. Sie ist immer wieder aufladbar. Achtung: Bei Verlust der Geldkarte kann der Finder über das Guthaben verfügen, da weder PIN noch Unterschrift zum Bezahlen erforderlich sind. Die Zahlung mit einer Geldkarte geschieht folgendermaßen:
  1. Der Verkäufer gibt den Zahlungsbetrag in das Kartenlesegerät ein.
  2. Der Kunde steckt dann die Geldkarte in das Lesegerät.
  3. Der Betrag wird vom Chip der Debitkarte abgebucht und dem Händler gutgeschrieben.
  4. Der Kunde erhält seine Karte zurück.

Aufgabe 2 (vgl. LF 2, Kapitel 2.2.1)

a Das Erfragen des Kaufmotivs ist wichtig, damit der Verkäufer ein Verkaufsgespräch führen kann. Es ist für die Bedarfsermittlung von großer Bedeutung, darauf bauen alle Verkaufsphasen auf. Ziel: Verkaufsgespräch zu einem positiven Kaufabschluss bringen.

b Beispielsweise:
(1) „Dieses Produkt bietet Ihnen aufgrund seiner technischen Möglichkeiten eine große Zeitersparnis und Arbeitserleichterung."
(2) „In zahlreichen Tests hat dieses Produkt seine große Belastbarkeit bewiesen. Außerdem ist es TÜV-geprüft."
(3) „Mit diesem Jackett erregen Sie in jeder Diskothek große Aufmerksamkeit, denn es ist von einem bekannten Designer entworfen."
(4) „Durch die Nutzung von Energiesparlampen reduzieren Sie in sehr großem Ausmaß Ihre Energiekosten."

Aufgabe 3 (vgl. LF 5, Kapitel 1, und LF 5, Kapitel 2)

a Beispielsweise:
- weihnachtliche Musik
- weihnachtliche Dekoration der Schaufenster
- weihnachtliche Innendekoration: z. B. Weihnachtsmann, Lichterketten
- Verpackungen weihnachtlich anpassen
- Aktion: Zu einer bestimmten Zeit wird der Weihnachtsmann für die Kinder Geschenke verteilen.
- Märchenstunde für Kinder vom Christkind

b Beispielsweise:
- Verpackungs- und Zustellservice
- Kunden können ihre Geschenke zur Aufbewahrung abgeben
- Eröffnung zusätzlicher Kassen
- Einstellung von zusätzlichem Personal
- weihnachtliche Warenpräsentation

Aufgabe 4 (vgl. LF3, Kapitel 2)

a Bei den meisten Kassiervorgängen im Einzelhandel wird inzwischen das Preis-look-up-Verfahren angewandt (look up, engl. = abrufen). Moderne Datenkassen scannen hier lediglich die Artikelnummer des Produktes. Die Artikelnummer dient nun als Schlüssel, um auf die hauseigene Datenbank zuzugreifen. Hier kann jeder Artikelnummer die entsprechende Artikelbezeichnung und der gültige Preis zugeordnet werden. Diese Informationen werden der Datenkasse dann übermittelt und letztendlich auf dem Kassenbon für den Kunden ausgedruckt.

b
- Artikel müssen nicht mehr einzeln für den Kassierer ausgezeichnet werden
- bei Preisänderungen kein Umzeichnen mehr nötig, d. h.: Zeit- und Kostenersparnis
- Kassenangestellte brauchen keine Preise mehr auswendig zu können
- schnellere Kassiervorgänge möglich, d. h.: zufriedenere Kunden

Aufgabe 5 (vgl. LF 2, Kapitel 2.5)

a Beispielsweise:
„Dieser Artikel ist in der Tat recht günstig, bietet aber gute Qualität zu einem fairen Preis. Wir gewähren auf dieses Produkt sogar eine Garantie von fünf Jahren!"

b Beispielsweise:
„Dieses Produkt ist ein Auslaufmodell, daher kommen Sie aber auch in den Genuss eines absolut ausgereiften Produktes, das keine Kinderkrankheiten mehr besitzt."

c Beispielsweise:
„Auf den ersten Blick scheint das Gerät nur diesen Vorteil zu haben, aber die besondere Materialbeschaffenheit ist ein weiterer Vorteil. Wenn sie einmal schauen wollen."

Aufgabe 6 (vgl. LF 4 Kapitel 2)

a „Das Bio-Siegel kennzeichnet die landwirtschaftlichen Produkte, deren Zutaten aus biologischem Anbau stammen, also nicht bestrahlt oder sonst verändert worden sind. Es wurden keine künstlichen Mittel verwendet, sondern das Produkt ist ökologisch produziert worden."

b „Der Blaue Engel ist ein nationales Prüfsiegel für Produkte, die bestimmte umweltbezogene Vorgaben einhalten. Diese Vorgaben können sich sowohl auf Emissionen als auch auf Immissionen sowie auf Produktionsverfahren beziehen. Leider sind diese Vorgaben manchmal sehr niedrig angesetzt, sodass man hier nicht immer wirklich von Umweltschonung reden kann."

Prüfungsbereich Warenwirtschaft und Kalkulation (S. 38–49)

Aufgabe 1 (vgl. LF 6, Kapitel 1)
a

Aufgabe 2 (vgl. LF 3, Kapitel 4)
e

Aufgabe 3 (vgl. LF 6, Kapitel 1)
a 1   d 2
b 2   e 1
c 1

Aufgabe 4 (vgl. LF 4, Kapitel 3.3 und LF 3, Kapitel 2)
a 2   d 3
b 4   e 5
c 1

Aufgabe 5 (vgl. LF 7, Kapitel 3.4)
a Meldebestand = Mindestbestand + (Ø Tagesabsatz · Lieferzeit) 120 + (15 · 7) = 225 Stück

b Mindestbestand = Meldebestand − (Ø Tagesabsatz · Lieferzeit)175 − (15 · 5) = 100 Stück

c 120 − 100 = 20 Stück

Aufgabe 6 (vgl. LF 7, Kapitel 3.4)
a 4   c 3
b 1   d 2

Aufgabe 7 (vgl. LF 7, Kapitel 3.4)
d

Aufgabe 8 (vgl. LF 7, Kapitel 3.4)
a 2   d 1
b 2   e 3
c 2

Aufgabe 9 (vgl. LF 7, Kapitel 3.4)
a 50 Stück   d 100 Stück
b 10 Stück   e 70 Stück
c 30 Stück   f 2 Wochen

Aufgabe 10 (vgl. LF 7, Kapitel 2.2)
a 2   d 1
b 2   e 2
c 1

Aufgabe 11 (vgl. LF 7, Kapitel 2.1)
a 2   d 2
b 1   e 5
c 4   f 3

Aufgabe 12 (vgl. LF 7, Kapitel 1)
a 1   d 1
b 2   e 1
c 1

Aufgabe 13 (vgl. LF 3, Kapitel 2)
d

Aufgabe 14 (vgl. LF 3, Kapitel 2)
a 4   c 3
b 1   d 5

Aufgabe 15 (vgl. LF 3, Kapitel 3)
a 3   d 2
b 4   e 5
c 1

Aufgabe 16 (vgl. LF 3, Kapitel 8.2, und LF 6, Kapitel 3.2)

a $1 - \frac{321,20}{365,00} = 0,12 \rightarrow 12,00\,\%$

b $1 - \frac{308,35}{321,00} = 0,039 \rightarrow \approx 4\,\%$

Aufgabe 17 (vgl. LF 3, Kapitel 8.2, und LF 9)

a 88 → 2.070,50
  100 → ?
  $\frac{2.070,50 \cdot 100}{88} = 2.352,84\,€$

b Bezugspreis = Zieleinkaufspreis – Lieferantenskonto + Bezugskosten
  2.070,50 – (2.070,50 · 2,5 %) + 67,00
  = 2.085,74 €

Aufgabe 18 (vgl. LF 3, Kapitel 8.2 LF 6, Kapitel 3.2.1 und LF 9)

a $1 - \frac{602,60}{753,25} = 0,2 \rightarrow 20,00\,\%$

b $1 - \frac{578,50}{602,60} = 0,039 \rightarrow \approx 4\,\%$

c 610,00 – 578,50 = 31,50 €

Aufgabe 19 (vgl. LF 3, Kapitel 8.2, LF 8, Kapitel 3, und LF 9, Kapitel 2)

a 269.000,00 €

b 70.000,00 + 34.300,00 + 13.670,00
  = 117.970,00 €

c $\frac{\text{Handlungskosten} \cdot 100\,\%}{\text{Wareneinsatz}}$
  = Handlungskostenzuschlag
  $\frac{117.970,00 \cdot 100\,\%}{269.000,00} = 43,86\,\%$

d $\frac{\text{Gewinn} \cdot 100\,\%}{\text{Selbstkosten}}$ = Gewinnzuschlag
  $\frac{146.810,00 \cdot 100\,\%}{269.000,00 + 117.970,00} = 37,94\,\%$

Aufgabe 20 (vgl. LF 3, Kapitel 8.2 und LF 9, Kapitel 2.1)

a Bezugspreis + Handlungskosten
  = Selbstkosten
  13,50 + (13,50 · 46 %) = 19,71 €

b Selbstkosten + Gewinn
  = Nettoverkaufspreis
  Nettoverkaufspreis + Umsatzsteuer
  = Bruttoverkaufspreis
  19,71 + (19,71 · 18 %) = 23,2578 €
  23,2578 + (23,2578 · 7 %) = 24,89 €

c Kalkulationszuschlag
  $= \frac{(\text{Bruttoverkaufspreis} - \text{Bezugspreis} \cdot 100\,\%)}{\text{Bezugspreis}}$
  $\frac{(24,89 - 13,50) \cdot 100\,\%}{13,50} = 84,37\,\%$

d $\frac{\text{Bruttoverkaufspreis}}{\text{Bezugspreis}}$ = Kalkulationsfaktor
  $\frac{24,89}{13,50} = 1,8437$

Aufgabe 21 (vgl. LF 3, Kapitel 8.2 LF 6, Kapitel 3.2.1 und LF 9)

a $\frac{2.677,50}{85} = 31,50\,€$

b Zieleinkaufspreis je Stück – Lieferantenskonto je Stück = Bareinkaufspreis je Stück
  31,50 – (31,50 · 2 %) = 30,87 €

c Bareinkaufspreis je Stück + Bezugskosten je Stück = Bezugspreis je Stück
  $30,87 + \frac{125}{85} = 32,34\,€$

d 2.677,50 € – 53,55 € = 2.623,95 €

Aufgabe 22 (vgl. LF 3, Kapitel 2 und 8.2)

a $1 - \frac{11.567,00}{10.236,89} = -0,12993 \rightarrow$
  Veränderung + 12,99 % zum Vorjahr

b $1 - \frac{1.200,00}{1.325,30} = -0,0945 \rightarrow$
  Veränderung – 9,45 %

c $\frac{11.567,00}{846} = 13,67\,€$

d $\frac{10.236,89}{600} = 17,06\,€$

Aufgabe 23 (vgl. LF 3, Kapitel 8.1)
9.800 → 15
11.760 → ?
$\frac{15 \cdot 11.760}{9.800} = 18$ Mitarbeiter

Aufgabe 24 (vgl. LF 3, Kapitel 8.3 und LF 6, Kapitel 2.3)
20 % + 15 % + 10 % + 40 % = 85 %
Rest 9.000,00 € = 15 %
$100\,\% = \frac{9.000 \cdot 100\,\%}{15\,\%} = 60.000,00\,€$

Aufgabe 25 (vgl. LF 6, Kapitel 5)
a 35 → 2.000,00
   12 → ?
   $\frac{2.000,00 \cdot 12}{35} = 685,71\,€$

b 1.052.000,00 → 3.000,00
   312.000,00 → ?
   $\frac{3.000,00 \cdot 312.000,00}{1.052.000,00} = 889,73\,€$

c 35 → 2.000,00
   15 → ?
   $\frac{2.000,00 \cdot 15}{35} = 857,14\,€$

   1.052.000,00 → 3.000,00
   292.000,00 → ?
   $\frac{3.000,00 \cdot 292.000,00}{1.052.000,00} = 832,70\,€$

   857,14 + 832,70 = 1.689,84 €

Prüfungsbereich Wirtschafts- und Sozialkunde (S. 50–57)

Aufgabe 1 (vgl. LF 3, Kapitel 7.9)
a 1   d 2
b 1   e 1
c 3

Aufgabe 2 (vgl. LF 3, Kapitel 7.6)
b

Aufgabe 3 (vgl. LF 3, Kapitel 7.5
a

Aufgabe 4 (vgl. LF 3, Kapitel 7.3)
c

Aufgabe 5 (vgl. LF 3, Kapitel 7.2)
d

Aufgabe 6 (vgl. LF 3, Kapitel 7.5)
a

Aufgabe 7 (vgl. LF 3, Kapitel 7.5
a 5   d 5
b 1   e 5
c 4

Aufgabe 8 (vgl. LF 7, Kapitel 2.1)
a 4   d 3
b 2   e 1
c 1

Aufgabe 9 (vgl. LF 1, Kapitel 7.2)
a 1   c 4
b 2   d 5

Aufgabe 10 (vgl. LF 1, Kapitel 11.1.1)
a 2   d 3
b 2   e 1
c 3

Aufgabe 11 (vgl. LF 1, Kapitel 11.2
a 4   d 1
b 2   e 3
c 4

Aufgabe 12 (vgl. LF 1, Kapitel 11.1.2)
a 1   d 2
b 3   e 3
c 3

Aufgabe 13 (vgl. LF 6, Kapitel 2)
d

Aufgabe 14 (vgl. LF 1, Kapitel 1.2)
d

Aufgabe 15 (vgl. LF 1, Kapitel 4)
a 56
b 10

Aufgabe 16 (vgl. LF 1, Kapitel 2)
d

Aufgabe 17 (vgl. LF 1, Kapitel 3)
a 1   e 4
b 1   f 2
c 2   g 3
d 1

Aufgabe 18 (vgl. LF 1, Kapitel 2)
a, c

Aufgabe 19 (vgl. LF 1, Kapitel 2)
c

Aufgabe 20 (vgl. LF 1, Kapitel 2)
b

Aufgabe 21 (vgl. LF 1, Kapitel 2)
b

Aufgabe 22 (vgl. LF 1, Kapitel 2)
b, g

Aufgabe 23 (vgl. LF 4, Kapitel 2)
e

Aufgabe 24 (vgl. LF 1, Kapitel 5.2)
b

Aufgabe 25 (vgl. LF 5, Kapitel 5.5)
d

Lösungsvorschläge Prüfung 3

Prüfungsbereich Verkauf und Werbemaßnahmen (S. 58–64)

Aufgabe 1 (vgl. LF 2, Kapitel 1.1.1)

Jan Meier teilt dem Kunden mit, dass er in die Pause geht. Darüber hinaus sagt er dem Kunden aber noch viel mehr.

Die vier Ebenen des Kommunikationsmodells von Schulz von Thun:
- Sachebene: Jan teilt dem Kunden mit, dass er jetzt in die Pause geht und der Kunde bei ihm nicht mehr bezahlen kann.
- Selbstkundgabe: Jan Meier teilt mit, dass er jetzt Pause machen muss oder will und er sich darüber auch freut.
- Beziehungsebene: Jan Meier erkennt, dass die Tatsache, dass er jetzt in die Pause geht, für den nächsten Kunden sehr ärgerlich ist, da er vergeblich bei ihm angestanden hat. Er ist aber nicht bereit, daran etwas zu ändern. Es klingt eher nach Schadenfreude.
- Appellebene: Jan fordert den Kunden auf, sich an der anderen Kasse anzustellen.

Aufgrund seiner Formulierung stellt Jan Meier die Selbstkundgabe und Beziehungsebene in den Vordergrund. Der Kunde hat sicherlich nichts dagegen, dass Jan seine wohlverdiente Pause bekommt, aber so, wie Jan es formuliert, hat der Kunde das Gefühl, dass sein Anliegen von Jan nicht wahrgenommen wird und dieser nur seine eigenen Interessen verfolgt. Und dies ist für die Rolle eines Verkäufers nicht angemessen. Jan lässt es in seiner Formulierung an Empathie fehlen. Er erkennt zwar, dass seine Handlung Nachteile für den Kunden hat, er bietet aber keine Lösungsmöglichkeit für den Kunden an.

Aufgabe 2 (vgl. LF 5, Kapitel 1)

a Beispielsweise: Neujahr – Lebensmittel; Valentinstag – Schmuck; Ostern – Lebensmittel; Muttertag – Blumen; Urlaub – Textilien; Sommer – Textilien; Weihnachten – Lebensmittel; Winter – Textilien; Frühling – Textilien; Beginn Grillsaison – Lebensmittel

b
- Streukreis: Zielgruppe. Welche Personengruppe soll durch die Werbung angesprochen werden?
- Streugebiet: Wo soll geworben werden? In welchem räumlichen Umkreis soll die Werbung geschaltet werden? Regional oder überregional?
- Streuzeit: Wann soll die Werbung laufen und über welchen Zeitraum hinweg soll die Werbung geschaltet werden?
- Werbemittel: Sie enthalten die eigentliche Werbebotschaft. Sie sind gekennzeichnet durch Schrift, Bild oder Sprache, z. B. Anzeigen, Plakate, Prospekte, Werbespots.
- Werbeträger: Sie transportieren die Werbebotschaft zum Kunden, sie stellen die Werbebotschaft dar, z. B. TV, Radio, Zeitung, Litfaßsäule.

Beispiele für die Aktion Schulanfang:
Streukreis = Eltern von schulfähigen Kindern und die Schulanfänger selbst
Streugebiet = Einzugsgebiet des Einzelhändlers
Streuzeit = sechs Wochen vor Schulbeginn
Werbemittel = Anzeigen
Werbeträger = Litfaßsäule, Zeitung

Aufgabe 3 (vgl. LF 2, Kapitel 2.10)

a Kundendienst sind Dienstleistungen, die der Kunde vor, während und nach dem Kauf eines Produktes in Anspruch nehmen kann. Sie können den Gebrauchswert der Ware verbessern, dem Kunden einen bequemeren Einkauf ermöglichen oder ihm zu einem finanziellen Spielraum verhelfen. Die Kundenbindung kann gesteigert werden.

b Beispielsweise:
- auf den Transport gerichtet:
Anlieferung der Ware, Abholung und Entsorgung von Altgeräten
- auf die Zahlung gerichtet:
Kreditgewährung (Ratenzahlung), Kreditkartenzahlung, Kundenkreditkarte, Zahlung auf Rechnung
- auf den Kunden gerichtet:
Kinderbetreuung, Wasserspender, Restaurant/Cafeteria, (kostenfreie) Parkmöglichkeiten, Wickelraum, Sitzecke bei den Umkleidekabinen

c Beispiele:
- auf die Ware gerichtet:
Änderungsservice bei Textilien, Aufstellen bzw. Montage von Möbeln, Installation/Reparatur elektrischer und elektronischer Geräte, Verpackung als Geschenk, Versandservice
- auf Informationen gerichtet:
Beratung, Kundeninformation, kostenlose Kataloge, telefonische Bestellannahme, Internetseite

Aufgabe 4 (vgl. LF 7, Kapitel 2.4.2)
Voraussetzungen für die Inanspruchnahme nachrangiger Rechte:
- Die Nacherfüllung ist gescheitert, d. h., die vom Käufer gesetzte Nachfrist ist verstrichen, ohne dass eine Neulieferung oder Nachbesserung erfolgreich war.
- Der Verkäufer verweigert beide Arten der Nacherfüllung.
- Die Nacherfüllung ist für den Käufer und/oder Verkäufer unzumutbar oder unmöglich.

Der Käufer kann dann z. B.
- vom Vertrag zurücktreten oder
- den Kaufpreises mindern und
- Schadensersatz statt Leistung verlangen oder
- Ersatz vergeblicher Aufwendungen fordern.
- Rücktritt vom Vertrag
  Beim Rücktritt vom Vertrag ist der Käufer zur Rückgabe der Ware und der Verkäufer zur Erstattung eines evtl. gezahlten Kaufpreises verpflichtet. Der Käufer kann das Rücktrittsrecht nur in Anspruch nehmen, wenn der Mangel erheblich ist. Der Käufer wird vom Rücktrittsrecht Gebrauch machen, wenn er an einer Erfüllung des Vertrages oder an einer Fortsetzung der Geschäftsbeziehung nicht mehr interessiert ist.
- Minderung des Kaufpreises
  Ist die Ware nur geringfügig mangelhaft, darf der Käufer lediglich eine Herabsetzung des Kaufpreises fordern. Der geforderte Preisnachlass muss angemessen sein, das heißt, der Wert der mangelfreien Ware wird mit dem tatsächlichen Wert durch Schätzung verglichen. Die Differenz muss der Verkäufer erstatten.
- Schadensersatz statt Leistung
  Wenn der Verkäufer die Ware nicht wie geschuldet liefert, der Mangel erheblich ist und den Verkäufer ein Verschulden trifft, kann der Käufer Schadensersatz statt der geschuldeten Leistung verlangen. Der Schadensersatzanspruch des Käufers ergibt sich aus der Mangelhaftigkeit der Ware selbst und aus den Mangelfolgeschäden. Der Gesetzgeber schränkt die Höhe der Schadensersatzansprüche des Käufers nicht ein. So kann die Höhe des eingetretenen Schadens den Wert der Ware bei Weitem übersteigen. Falls der Käufer Schadensersatz statt Leistung verlangt, ist sein Anspruch auf die Leistung ausgeschlossen, d. h., er kann nicht mehr die Behebung des Schadens oder die Lieferung mangelfreier Ware verlangen. Der Käufer kann aber gleichzeitig mit Schadensersatzansprüchen auch sein Rücktrittsrecht geltend machen.
- Ersatz vergeblicher Aufwendungen (E. v. A.)
  Der Käufer kann an Stelle des Schadensersatzes statt Leistung einen Ersatz der Aufwendungen fordern, die dadurch entstanden sind, dass der Käufer auf die Warenlieferung vertraut hat. Auch den Ersatz vergeblicher Aufwendungen kann der Käufer nur bei Verschulden des Verkäufers und bei erheblichen Mängeln geltend machen.

Aufgabe 5 (vgl. LF 1, Kapitel 8 und 9)
a Warenhäuser haben als Kennzeichen ihrer Betriebsform ein breites Sortiment, d. h., sie verfügen über eine Vielfalt von verschiedenen Warengruppen oder Warenbereichen. Verfügt ein Einzelhandelsgeschäft nur über wenige Warengruppen, so spricht man von einem schmalen Sortiment.
Die Auswahl an Artikeln in den Warengruppen hinsichtlich Qualität, Preis, Größen, Modellen usw. wird Sortimentstiefe genannt. Ist die Auswahl innerhalb einer Warengruppe groß, so spricht man von einem tiefen Sortiment. Ist die Auswahl gering, spricht man von einem flachen Sortiment. Die Beska GmbH als Warenhaus führt, abhängig von der jeweiligen Warengruppe, unterschiedlich tiefe Sortimente.

b Kernsortiment:
Durch das Kernsortiment erwirtschaftet der Einzelhändler den größten Umsatzanteil. Die Waren des Kernsortiments werden dem Kunden das ganze Jahr über zur Verfügung gestellt.
Randsortiment:
Das Randsortiment stellt eine Ergänzung des Kernsortiments mit z. T. branchenfremden Waren dar. Sie werden vom Kunden seltener verlangt.
Saisonsortiment:
Im Saisonsortiment werden Waren nur zu bestimmten Saisonzeiten angeboten.

c Bedienung:
Der Verkäufer führt das Verkaufsgespräch von Beginn bis zum Ende. Er begrüßt den Kunden beim Betreten des Geschäftes, ermittelt dessen Kaufwunsch usw. Ohne Verkäufer hat der Kunde keinen direkten Kontakt mit der Ware. Die Bedienung ist bei einem beratungsintensiven, hochwertigen Sortiment zweckmäßig (z. B. bei Uhren und Schmuck), oder aus hygienischen Gründen notwendig (z. B. Frischetheke).
Vorwahl:
Beim Vorwahlsystem hat der Kunde die Möglichkeit, sich selbstständig über das Warenangebot zu informieren. Die Waren sind für den Kunden frei zugänglich. Falls der Kunde ein Beratungsge-

spräch wünscht, kann er sich von einem Verkäufer beraten lassen. Das Vorwahlsystem findet z. B. beim Verkauf von Bekleidung oder Schuhen Anwendung.

Selbstbedienung:
Der Kunde wählt seine Ware selbstständig aus und geht damit zur Kasse. Die Waren sind frei zugänglich. Die Aufgabe des Verkaufspersonals konzentriert sich hier auf die Auszeichnung und das Anordnen der Ware sowie auf das Kassieren. Das Selbstbedienungssystem findet z. B. beim Verkauf von Lebensmitteln Anwendung.

Aufgabe 6 (LF 3, Kapitel 6.2)
Vorteile für Einzelhändler und Kunden:
- kein Falschgeldrisiko
- Spontankäufe werden ermöglicht
- unhandliches Münzgeld entfällt

Vorteile für Kunden:
- Unabhängigkeit von Bargeld
- geringes Diebstahl-/Verlustrisiko
- Nutzung im In- und Ausland (außer Geldkarte)

Vorteil für Einzelhändler:
- geringeres Überfallrisiko
- Schutz vor Kassendifferenz
- Werbung und Kundenbindung möglich

Aufgabe 7 (LF 7, Kapitel 4)
a Der Kunde erhält eine Rechnung. Er weist dann seine Bank an, den Rechnungsbetrag auf das Konto des Einzelhändlers zu überweisen. Immer mehr Kunden benutzen dazu nicht mehr die früher üblichen Formulare, sondern weisen die Zahlung digital an. Für Euro-Überweisungen innerhalb des SEPA-Zahlungsraumes werden internationale Kontonummern (IBAN) und Bankleitzahlen (BIC) verwendet.

b Der Kunde benötigt eine Debitkarte seiner Bank und eine PIN. Er steckt die Karte ins Lesegerät des Händlers und gibt die PIN ein. Vom Rechenzentrum der Bank wird überprüft, ob die PIN stimmt und das Konto gedeckt ist. Dann wird dem Einzelhändler der Betrag gutgeschrieben.

c Im Unterschied zu b) wird bei diesem Verfahren keine PIN benötigt und auch nicht verifiziert, ob der Kunde solvent ist. Der Kunde unterschreibt stattdessen einen Lastschriftbeleg, mit dem er den Händler einmalig ermächtigt, den Kaufbetrag von seinem Konto einziehen zu lassen.

Prüfungsbereich Warenwirtschaft und Kalkulation (S. 65–73)

Aufgabe 1 (vgl. LF 6, Kapitel 1)
b

Aufgabe 2 (vgl. LF 6, Kapitel 2 und 3)
a 1   d 5
b 4   e 3
c 2

Aufgabe 3 (vgl. LF 6, Kapitel 1)
c

Aufgabe 4 (vgl. LF 4, Kapitel 3.2)
a

Aufgabe 5 (vgl. LF 6, Kapitel 1)
Stammdaten: Lieferantennummer, Lieferantenadresse, empfohlene Verkaufspreise, Warenart
Bewegungsdaten: Bestellmengen

Aufgabe 6 (vgl. LF 6, Kapitel 2.3)
d

Aufgabe 7 (vgl. LF 7, Kapitel 1)
c

Aufgabe 8 (vgl. LF 7, Kapitel 1)
e

Aufgabe 9 (vgl. LF 7, Kapitel 1)
e

Aufgabe 10 (vgl. LF 7, Kapitel 2.1, 2.2)
d

Aufgabe 11 (vgl. LF 7, Kapitel 2.4)
c

Aufgabe 12 (vgl. LF 7, Kapitel 3.4)
e

Aufgabe 13 (vgl. LF 9, Kapitel 2.1)
c

Aufgabe 14 (vgl. LF 9, Kapitel 2.1)
119 % → Bruttoverkaufspreis
100 % → ? Nettoverkaufspreis
$$\frac{238{,}00 \cdot 100\,\%}{119\,\%} = 200{,}00\ €$$

Aufgabe 15 (vgl. LF 9, Kapitel 2.2)

$$\frac{(\text{Nettoverkaufspreis in €} - \text{Bezugspreis in €}) \cdot 100\,\%}{\text{Nettoverkaufspreis in €}}$$
= Handelsspanne

$$\frac{(200 - 120) \cdot 100\,\%}{200} = 40\,\%$$

Aufgabe 16 (vgl. LF 7, Kapitel 3.4)
4 + 18 − 1 − 2 = 19 Stück

Aufgabe 17 (vgl. LF 9, Kapitel 2.1)
19 · 238,00 = 4.522,00 €

Aufgabe 18 (vgl. LF 8, Kapitel 3.2)
19 · 120,00 = 2.280,00 €

Aufgabe 19 (vgl. LF 8, Kapitel 3.2)
19 · 80,00 = 1.520,00 €

Aufgabe 20 (vgl. LF 9, Kapitel 2.2)
100 % → alter Bezugspreis
105 % → ? erhöhter Bezugspreis
$$\frac{120,00 \cdot 105\,\%}{100\,\%} = 126,00\,€ \text{ erhöhter Bezugspreis}$$

60 % (100 − 40) → Bezugspreis
100 % → ? Nettoverkaufspreis
$$\frac{126,00 \cdot 100\,\%}{60\,\%} = 210,00\,€ \text{ Nettoverkaufspreis}$$

100 % → Nettoverkaufspreis
119 % → ? Bruttoverkaufspreis
$$\frac{210,00 \cdot 119\,\%}{100\,\%} = 249,00\,€ \text{ Bruttoverkaufspreis}$$

Aufgabe 21 (vgl. LF 7, Kapitel 3.4.2)
d

Aufgabe 22 (vgl. LF 8, Kapitel 1)
Bilanzsumme · 45 % = Fremdkapital
Darlehensschulden = Fremdkapital − Verbindlichkeiten aus Lieferungen und Leistungen

$$\frac{1.023.100,00 \cdot 45}{100} = 460.395,00\,€$$

460.395,00 − 95.000,00 = 365.395,00 €

Aufgabe 23 (vgl. LF 8, Kapitel 1)
Bilanzsumme − Fremdkapital = Eigenkapital

1.023.100,00 − 460.395,00 = 562.705,00 €

Aufgabe 24 (vgl. LF 8, Kapitel 1)
$$\frac{(\text{Warenbestände} + \text{Forderungen a. L. L.} + \text{Bankguthaben} + \text{Kassenbestand}) \cdot 100\,\%}{\text{Bilanzsumme}}$$
$$\frac{451.110,00 \cdot 100\,\%}{1.023.100,00} = 44,09\,\%$$

Aufgabe 25 (vgl. LF 8, Kapitel 1)
c

Prüfungsbereich Wirtschafts- und Sozialkunde (S. 74–81)

Aufgabe 1 (vgl. LF 1, Kapitel 11.2)
a 2   c 3
b 4   d 1

Aufgabe 2 (vgl. LF 1, Kapitel 11.1)
b

Aufgabe 3 (vgl. LF 1, Kapitel 11.1)
a 2 und 4   d 1 und 4
b 1 und 4   e 2 und 3
c 2 und 3   f 2 und 4

Aufgabe 4 (vgl. LF 1, Kap. 11.1.3)
a 1   c 1
b 9   d 9

Aufgabe 5 (vgl. LF 1, Kapitel 1, LF 3, Kapitel 7.5, LF 6, Kapitel 4, LF 10, Kapitel 7)
a 3   c 4
b 2   d 1

Aufgabe 6 (vgl. LF 3, Kapitel 7.9)
a 1   c 1
b 9   d 9

Aufgabe 7 (vgl. LF 4, Kapitel 3.1)
d

Aufgabe 8 (vgl. LF 7, Kapitel 1)
a 4   d 1
b 2   e 3
c 9   f 9

auch möglich:
a 4   d 1
b 3   e 2
c 9   f 9

Aufgabe 9 (vgl. LF 10, Kapitel 8)
c

Aufgabe 10 (vgl. LF 5, Kapitel 4.1)
d

Aufgabe 11 (vgl. LF 3, Kapitel 7.2)
e

Aufgabe 12 (vgl. LF 3, Kapitel 7.5, LF 6, Kapitel 3)
c

Aufgabe 13 (vgl. LF 3, Kapitel 6.3)
d

Aufgabe 14 (vgl. LF 3, Kapitel 7.5, LF 6, Kapitel 4, LF 10, Kapitel 7)
a 3   d 5
b 4   e 2
c 1

Aufgabe 15 (vgl. LF 3, Kapitel 7.6)
d

Aufgabe 16 (vgl. LF 1, Kapitel 2.1)
a 4   c 2
b 1   d 3

Aufgabe 17 (vgl. LF 1, Kapitel 2.2)
d

Aufgabe 18 (vgl. LF 1, Kapitel 4)
e

Aufgabe 19 (vgl. LF 1, Kapitel 5.2)
c

Aufgabe 20 (vgl. LF 1, Kapitel 2.1)
c

Aufgabe 21 (vgl. LF 5, Kapitel 5.5)
d

Aufgabe 22 (vgl. LF 1, Kapitel 12)
a, c

Aufgabe 23 (vgl. LF 5, Kapitel 5.4)
d

Aufgabe 24 (vgl. LF 5, Kapitel 5.2)
a

Aufgabe 25 (vgl. LF 5, Kapitel 5.5)
e

Prüfungsbereich   Wirtschafts- und Sozialkunde

Lösungsvorschläge Prüfung 4

Prüfungsbereich Verkauf und Werbemaßnahmen (S. 82–86)

Aufgabe 1 (vgl. Warenwirtschaftssystem)
Hinsichtlich des Bestellwesens gibt es folgende Vorteile:
- Das WWS ermöglicht eine artikelgenaue Bestandsfortschreibung, sodass der Einzelhändler jederzeit über den aktuellen Warenbestand informiert ist.
- Das WWS ermittelt aufgrund der aktuellen Bestandsberechnungen eigene Bestellvorschläge. Dies ist eine enorme Arbeitserleichterung für den Einzelhändler und kann zu Personaleinsparungen führen.
- Über das WWS kann der Einzelhändler jederzeit noch ausstehende Lieferungen abfragen. So kann er auf einen Blick drohende Lieferverspätungen erkennen und ggf. Gegenmaßnahmen ergreifen.

Hinsichtlich der Sortimentsgestaltung gibt es folgenden Vorteil:
Das WWS stellt jederzeit Daten zur Verfügung, die für die Sortimentspflege (Sortimentserweiterung, -bereinigung) wichtig sind. Über das WWS können für jeden Artikel die Handelsspanne, der Deckungsbeitrag, der Rohgewinn, der Umsatz u. a. Kennziffern berechnet werden, sodass jederzeit Renner- und Pennerlisten vorhanden sind, die der Einzelhändler für die Sortimentspflege einsetzen kann.

Hinsichtlich der Werbung/Verkaufsförderung gibt es folgende Vorteile:
- Das WWS ermöglicht eine zeitgenaue Werbeerfolgskontrolle.
- Durch den Einsatz von Kundenkarten können Kundenprofile erstellt werden: Was kauft Frau Müller bei uns? Aufgrund dieser Kundenprofile kann dann gezielte Kundenwerbung durchgeführt werden mit weniger Streuverlusten.

Aufgabe 2 (vgl. LF 4, Kapitel 2)
a
1 Bruttopreisangabe fehlt
2 Preis für die gesamte Verkaufseinheit fehlt
3 Grundpreisangabe fehlt
4 Bruttopreisangabe für den konkreten Vorspeisenteller fehlt

b Gewerbeaufsichtsamt

Aufgabe 3 (vgl. LF 2, Kapitel 2.4)
a Beispielsweise:
- Gebrauchsanweisung
- Gespräche und Schulungen
- Fachzeitschriften
- Messe
- Verpackung
- Internet

b Beispielsweise:
- Hersteller
- Herstellungsland
- Funktionen
- Qualitätsstufen
- Größen, Material, Verkaufsargumente, Ergänzungsartikel, Hinweise zur Warenpflege

Aufgabe 4 (vgl. LF 7, Kapitel 2.4)
a Frau Kasper kann keine Nacherfüllung verlangen, weil dies einen Stückkauf darstellt und eine Ersatzlieferung bzw. eine Reparatur hier nicht möglich ist.

b Frau Kasper kann ohne Nachfristsetzung ihre Rechte in Anspruch nehmen, da hier eine Nachfrist sinnlos ist.

c Frau Kasper könnte vom Vertrag zurücktreten oder eine Preisminderung verlangen. Schadensersatz kann sie allerdings nicht verlangen, da kein Verschulden seitens des Verkäufers vorliegt und auch gar kein Schaden entstanden ist.

Aufgabe 5 (vgl. LF 3, Kapitel 6.2)
a Beispielsweise:
- zusätzliche Kundenbindung
- individuelle Informationen über die Kunden anhand des auszufüllenden Antragsformulars
- Abgrenzung gegenüber den Mitbewerbern

b Beispielsweise:
- Rabattgewährung
- Kreditgewährung
- Zusendung einer Hauszeitschrift

Aufgabe 6 (vgl. LF 3, Kapitel 1)
Beispiele:
- Elektronische Registrierkasse (ECR-Kassen): Hiermit können Beträge addiert, subtrahiert und multipliziert sowie der Kassenbon ausgedruckt werden. Zudem können Stornierungen und Auf- und Abschläge berechnet werden. Am Ende des Tages kann man hiermit einen Tagesendsummenbon erstellen, der anzeigt, wie viel Geld an einem Tag in diese Kasse geflossen ist. Man findet sie nur noch in kleinen Läden.
- Elektronische Datenkasse: Diese ist am häufigsten im Einsatz. Sie ist an eine EDV-Anlage anschließbar. Ebenfalls können an diese Kasse automatische Etikettenlesegeräte und Datenaufzeichnungsgeräte angeschlossen werden.

Prüfungsbereich Warenwirtschaft und Kalkulation (S. 87–97)

Aufgabe 1 (vgl. LF 6, Kapitel 1)
b

Aufgabe 2 (vgl. LF 1, Kapitel 8.4)
e

Aufgabe 3 (vgl. LF 3, Kapitel 5.2)
b

Aufgabe 4 (vgl. LF 3, Kapitel 2 und Kapitel 3)
Tageseinnahmen = Kassenbestand + Kartenzahlungen
3.175,00 + 74,12 + 2.050,00 + 112,00 − 400,00 + 1.875,60 = 6.886,72 €

Aufgabe 5 (vgl. LF 3, Kapitel 2 und Kapitel 3)
5.055,00 − (3.175,00 + 74,12 + 2.050,00 + 112,00 − 400,00) = 43,88 €

Aufgabe 6 (vgl. LF 3, Kapitel 8.3)
a $\frac{6.930,60}{54} = 128,34\,€$

b $\frac{6.930,60}{65} = 106,62\,€$

Aufgabe 7 (vgl. LF 6, Kapitel 2.3)
a Wareneinsatz = Aufwendungen für Waren = 34.000,00 €

b Handlungskosten = alle Aufwendungen außer Aufwendungen für Waren = 7.920,00 €
$\frac{\text{Personalkosten} \cdot 100\%}{\text{Handlungskosten}}$
$\frac{2.500,00 \cdot 100\%}{7.920,00} = 31,57\,\%$

Aufgabe 8 (vgl. LF 8, Kapitel 4)
a Nettoumsätze − Aufwendungen für Waren = Rohgewinn
47.058,82 − 34.000,00 = 13.058,82 €

b Nettoumsätze − Selbstkosten = Reingewinn
47.058,82 − 41.920,00 = 5.138,82 €

Aufgabe 9 (vgl. LF 3, Kapitel 8.2)

	diesjähriger Nettoumsatz	47.058,82 €
−	Vorjahres-Nettoumsatz	42.720,50 €
=	Veränderung	4.338,32 €

%-Veränderung = $\frac{4.338,32 \cdot 100\,\%}{42.720,50} = 10,16\,\%$

Aufgabe 10 (vgl. LF 8, Kapitel 3.2)
a 3   d 1
b 1   e 3
c 3

Aufgabe 11 (vgl. LF 6, Kapitel 1)
a 2   d 1
b 1   e 2
c 1

Aufgabe 12 (vgl. LF 7, Kapitel 1)
c

Aufgabe 13 (vgl. LF 7, Kapitel 2)
a

Aufgabe 14 (vgl. LF 6, Kapitel 1)
b

Aufgabe 15 (vgl. LF 7, Kapitel 3.4)

	Anfangsbestand	6
+	Einkäufe	12
−	Retoure	2
−	Endbestand	4
=	Verkäufe	12 Stück

Aufgabe 16 (vgl. LF 8, Kapitel 3.2)
Absatz in Stück · Bezugspreis = Wareneinsatz
12 · 35,00 = 420,00 €

Aufgabe 17 (vgl. LF 9, Kapitel 2)
Bezugspreis · Kalkulationszuschlag + Bezugspreis
35,00 · 0,75 + 35,00 = 61,25 €

Aufgabe 18 (vgl. LF 3, Kapitel 5)
$\frac{99,00\,€}{119\,\%} \cdot 19\,\% = 15,81\,€$

Aufgabe 19 (vgl. LF 9, Kapitel 2.2)

a $\dfrac{(\text{Nettoverkaufspreis} - \text{Bezugspreis}) \cdot 100\,\%}{\text{Nettoverkaufspreis}}$
= Handelsspanne

$\dfrac{(83{,}19 - 55{,}00) \cdot 100\,\%}{83{,}19} = 33{,}89\,\%$

b $\dfrac{\text{Bruttoverkaufspreis}}{\text{Bezugspreis}} = \text{Kalkulationsfaktor}$

$\dfrac{99{,}00}{55{,}00} = 1{,}800$

Hinweis: Beim Kalkulationsfaktor handelt es sich um einen Faktor und nicht um eine Prozentangabe.

Aufgabe 20 (vgl. LF 3, Kapitel 2)
e

Aufgabe 21 (vgl. LF 3, Kapitel 6.1)
b

Aufgabe 22 (vgl. LF 3, Kapitel 2)
d

Aufgabe 23 (vgl. LF 8, Kapitel 1)

a Anlagevermögen + Umlaufvermögen − Fremdkapital = Eigenkapital
290.000,00 + 480.000,00 − 470.000,00
= 300.000,00 €

b $\dfrac{\text{Fremdkapital} \cdot 100\,\%}{\text{Gesamtkapital}}$

$\dfrac{470.000{,}00 \cdot 100\,\%}{770.000{,}00} = 61{,}04\,\%$

Aufgabe 24 (vgl. LF 8, Kapitel 1)
d

Aufgabe 25 (vgl. LF 8, Kapitel 1)
c

Prüfungsbereich Wirtschafts- und Sozialkunde (S. 98–105)

Aufgabe 1 (vgl. LF 1, Kapitel 11.1.1)
a 3   d 2
b 1   e 9
c 1

Aufgabe 2 (vgl. LF 1, Kapitel 11.1)
a 3   d 4
b 2   e 4
c 1

Aufgabe 3 (vgl. LF 1, Kapitel 1 bis 5)
a 5   d 2
b 3   e 4
c 1

Aufgabe 4 (vgl. LF 1, Kapitel 4)
b

Aufgabe 5 (vgl. LF 1, Kapitel 4)
b

Aufgabe 6 (vgl. LF 9, Kapitel 1)
a 3   c 2
b 4   d 1

Aufgabe 7 (vgl. LF 1, Kapitel 11.3)
c

Aufgabe 8 (vgl. LF 1, Kapitel 11.4)
e

Aufgabe 9 (vgl. LF 1, Kapitel 11.4)
a 1   d 1
b 1   e 1
c 1

Aufgabe 10 (vgl. LF 1, Kapitel 5.2)
a 3   d 3
b 5   e 2
c 4

Aufgabe 11 (vgl. LF 1, Kapitel 12)
b; d

Aufgabe 12 (LF 3, Kapitel 7.1)
d

Aufgabe 13 (LF 3, Kapitel 7.2)
d

Aufgabe 14 (vgl. LF 3, Kapitel 7.5, LF 6, Kapitel 3)
a 5   d 2
b 1   e 4
c 3

Aufgabe 15 (vgl. LF 3, Kapitel 7.9)
a

Aufgabe 16 (vgl. LF 3, Kapitel 7.9)
e

Aufgabe 17 (vgl. LF 6, Kapitel 3.1)
a 70,00 €
b 1.000,00 €
c 970,00 €

Aufgabe 18 (vgl. LF 7, Kapitel 1)
d

Aufgabe 19 (vgl. LF 6, Kapitel 3.1)
a 2
b 1
c 3

Aufgabe 20 (vgl. LF 6, Kapitel 4)
a 4   d 1
b 3   e 2
c 5

Aufgabe 21 (vgl. LF 7, Kapitel 2.1)
c und e

Aufgabe 22 (vgl. LF 7, Kapitel 2.4.1)
d

Aufgabe 23 (vgl. LF 6, Kapitel 4)
b

Aufgabe 24 (vgl. LF 7, Kapitel 5.3)
a

Aufgabe 25 (vgl. LF 1, Kapitel 7.1)
d

Lösungshinweise zu den Fachgesprächen

Hinweis: Schlüsselbegriffe, die während des Prüfungsgespräches unbedingt fallen sollen, sind in den Lösungshinweisen immer unterstrichen.

Wahlqualifikation 1: Sicherstellung der Warenpräsenz (S. 108)

Auszug aus dem Ausbildungsrahmenplan für die Berufsausbildung zum Verkäufer und zur Verkäuferin, Abschnitt B: berufsprofilgebende Fertigkeiten, Kenntnisse und Fähigkeiten in den Wahlqualifikationen nach §4, Absatz 3, Satz 1, Nummer 1	
Sicherstellung der Warenpräsenz	a) eingehende Waren unter Beachtung der rechtlichen Vorschriften und der betrieblichen Vorgaben kontrollieren, mit dem betrieblichen Informationssystem erfassen sowie bei Abweichungen betriebsübliche Maßnahmen einleiten
	b) bei der Warenannahme erkennbare Mängel unter Einhaltung der gesetzlichen und betriebsüblichen Bestimmungen bei der Warenannahme dokumentieren
	c) Reklamationen, insbesondere Bruch, Verderb und Schwund aufnehmen und geeignete Maßnahmen mit internen und externen Lieferern abstimmen und umsetzen […]

Bearbeitungshinweise

Die Tätigkeiten im Zusammenhang mit der Wareneingangskontrolle und Warenlagerung bestehen aus verschiedenen Arbeitsschritten. Beschreiben Sie die einzelnen Tätigkeiten in der Reihenfolge, wie Sie in Ihrem Ausbildungsbetrieb vorgehen. Begründen Sie Ihre Vorgehensweise mit rechtlichen Vorschriften zur Wareneingangsprüfung und zur Hygiene, mit wirtschaftlichen Interessen des Einzelhändlers und mit den besonderen Ansprüchen von Kunden an diese Warengruppe. Aus diesen Überlegungen lassen sich folgende Fragestellungen ableiten:

1 Was muss ich bei Annahme der Warensendung beachten?
2 Was muss ich tun, wenn die Warensendung
  • in Ordnung ist?
  • Mängel aufweist?
3 Was geschieht mit der Ware, bevor diese im Verkaufsraum präsentiert wird?
4 Warum kaufen Kunden Tiefkühlprodukte? Welche Ansprüche stellen sie an die Qualität dieser Produkte?
5 Worauf muss ich beim Einräumen der Ware in die Kühlgeräte achten? Welche Anforderungen stellen Kunden an die Präsentation von Tiefkühlware? Wie werden die wirtschaftlichen Interessen des Einzelhändlers bei der Lagerung von Tiefkühlprodukten berücksichtigt?
6 Welche Arbeiten muss ich bei der Kontrolle der Kühlgeräte und der Warenpflege ausführen? Welche hygienerechtlichen Vorschriften muss ich dabei beachten?
7 Welche Folgen hat eine unsachgemäße Lagerung?

Ausführungen zu 1

In Gegenwart des Fahrers überprüfe ich anhand des Lieferscheins, ob die Ware an den richtigen Ort geliefert wurde und ob die aufgeführten Packstücke mit der tatsächlich gelieferten Menge übereinstimmen. Ich untersuche die gelieferte Ware auf (Transport-)Schäden, die anhand beschädigter Verpackungen sofort erkennbar sind (Beispiele: eingedellte oder stark verschmutzte Verpackungen, Verpackungen mit Nässeschäden). Wenn ich einen Verdacht auf Beschädigung des Inhalts habe, öffne ich, wenn möglich, das Packstück und überprüfe den Inhalt. Ferner kontrolliere ich mit einem Stechthermometer oder einem Infrarotgerät stichprobenartig die Temperatur der angelieferten Ware. Die Ergebnisse dokumentiere ich in dem entsprechenden Protokoll, z. B.: „Abweichungs-Dokumentation Kühlkette". Die Temperaturmessungen und deren Dokumentation sind nach den Hygienevorschriften gesetzlich vorgeschrieben.

Ausführungen zu 2

Liegen keine Beanstandungen vor, bestätige ich den Empfang der Ware durch Unterschrift. Ist die Ware an den falschen Empfänger oder falsche Ware geliefert worden, verweigere ich die Annahme und der Fahrer nimmt die Ware wieder mit zurück. Bei einer falschen Anzahl von Packstücken oder bei beschädigter Verpackung vermerke ich das auf dem Lieferschein oder ich erstelle eine Schadensmitteilung und lasse diese vom Fahrer als Zeugen unterschreiben. Ergeben die Temperaturmessungen einen Wert von über −18 °Celsius, nehme ich die Ware nicht an.

Ausführungen zu 3

Zur Zwischenlagerung stelle ich die Ware ins Tiefkühllager, damit die Kühlkette nicht unterbrochen wird. Eine kurzzeitige Überschreitung der Temperatur bis max. minus 15 °Celsius ist vom Gesetzgeber erlaubt, aber nach Möglichkeit zu verhindern, um die gute Ausgangsqualität der Ware zu sichern. Um eventuell später Gewährleistungsansprüche stellen zu können, muss ich die Ware unverzüglich, das Gesetz sagt ohne schuldhafte Verzögerung, auf Vollständigkeit, Richtigkeit, Qualität, Mindesthaltbarkeitsdatum und korrekte Deklaration auf den Verpackungen prüfen. Bei Importware kann es vereinzelt schon mal vorkommen, dass die Ware nach deutschem Recht nicht ausreichend ausgezeichnet ist. Dann muss ich veranlassen, dass die Ware nachdeklariert wird.

Ausführungen zu 4

Tiefkühlkost liegt im Trend: Sogenannte „Convenience-Produkte", die dem Wunsch nach Bequemlichkeit und Komfort entgegenkommen. Die Kunden sparen Zeit und Arbeit bei der Zubereitung von Speisen. Frisches Aussehen und guter Geschmack sind weitere Qualitätsmerkmale, die die Kunden mit Tiefkühlkost verbinden. Die Hersteller von Tiefkühlprodukten verarbeiten die Ware rasch (Beispiele: erntefrisch bei Obst und Gemüse, fangfrisch bei Hochseefisch und anderen Meerestieren). Deshalb bleiben die Nährstoffe wie Vitamine und Mineralstoffe weitgehend erhalten. Bei der Zubereitung von Tiefkühlprodukten sind im Vergleich zu frischen Produkten kürzere Garzeiten erforderlich, das ist für den Erhalt von Nährstoffen wichtig. Vor dem Frosten werden die Rohstoffe gereinigt, z. B. wird Gemüse zusätzlich kurz blanchiert, dabei werden viele Mikroorganismen zerstört. Durch das Einfrieren wird das Wachstum der Mikroorganismen verlangsamt, nicht abgetötet. Die Produkte bleiben länger haltbar, obwohl sie keine Konservierungsstoffe enthalten. Verarbeitungshinweise auf der Verpackung sorgen für eine unkomplizierte Handhabung. Bei der Zubereitung im Haushalt fallen keine Abfälle an.

Ausführungen zu 5

Ich räume die Tiefkühlware nach einem Belegungsplan zügig ein (keine Unterbrechung der Kühlkette), i. d. R. nach Artikelgruppen (Verzehranlässe) sortiert; z. B.:

- küchenfertige Rohprodukte wie Obst, Gemüse, Kräuter, Fleisch, Fisch
- garfertige Produkte wie z. B. Kartoffelklöße, Fritten
- Fertiggerichte wie z. B. Pizza, Lasagne, Menüs

Ich staple die Waren übersichtlich und ordentlich, damit der Kunde sie besser auffinden und einfach entnehmen kann. Displays und Ähnliches muss ich so einräumen, dass sie den Blick auf die einzelnen Artikel nicht verbauen. Kunden schätzen es, wenn sie die Produkte immer am selben Platz finden. Auch für Produktinnovationen sollte eine bestimmte Stelle im Tiefkühlregal reserviert werden. Ich biete den Kunden dicht bei dem Tiefkühlgerät isolierte Tragetaschen an. Beim Einräumen achte ich auf das Mindesthaltbarkeitsdatum und berücksichtige den Lagergrundsatz „alt vor neu" (fifo = first in, first out), um kein Risiko einzugehen, dass das Mindesthaltbarkeitsdatum überschritten wird. Ich darf die zulässige Stapelgrenze, die an den Kühlgeräten markiert ist, nicht überschreiten. Ich muss überprüfen, ob die Preisauszeichnungen und Deklarationen vorschriftsmäßig vorhanden und den Waren richtig zugeordnet sind.

Ausführungen zu 6

Ich muss in regelmäßigen Abständen die Stapelgrenze und die Kühltemperatur kontrollieren, die −18 °C nicht überschreiten darf. Die Ergebnisse der Kontrolle muss ich dokumentieren. Das schreiben die Hygienevorschriften nach HACCP vor. Ich muss darauf achten, dass die Tiefkühlgeräte stets sauber sind und regelmäßig abgetaut und gereinigt werden. Offene Tiefkühlmöbel müssen nachts abgedeckt werden. Ich schaue nach, ob die Verpackungen nicht undicht sind oder ob eine „Schneebildung" oder Farbabweichungen am Produkt erkennbar sind oder ob das Mindesthaltbarkeitsdatum überschritten ist. Produkte, die Mängel aufweisen, muss ich aussortieren und abschreiben. Ware, die am falschen Platz liegt, muss ich zurückräumen. Wenn ich Sortimentslücken feststelle, muss ich den Artikel bestellen oder die Information an die zuständige Stelle (z. B. Einkauf, Abteilungsleiter) weiterleiten.

Ausführungen zu 7

Unsachgemäße Lagerung von Tiefkühlkost führt zu unappetitlichem Aussehen, Verlust von Nährstoffen und zum Verderb des Produkts. Der Umsatz sinkt, das Geschäftsimage leidet. In einigen Fällen, z. B. bei verdorbenen eiweißhaltigen Lebensmitteln (wie Fisch-, Fleischprodukte, Sahnekuchen), die von kranken und/ oder älteren Menschen verzehrt werden, kann das zu schweren gesundheitlichen Schäden führen. Der Einzelhändler ist im Schadensfall regresspflichtig. Die Lebensmittelüberwachung kann im Extremfall und im Wiederholungsfall das Geschäft schließen.

Wahlqualifikation 2: Beratung von Kunden (S. 109)

Auszug aus dem Ausbildungsrahmenplan für die Berufsausbildung zum Verkäufer und zur Verkäuferin, Abschnitt B: berufsprofilgebende Fertigkeiten, Kenntnisse und Fähigkeiten in den Wahlqualifikationen nach § 4, Absatz 3, Satz 1, Nummer 2	
Beratung von Kunden	a) Verkaufs- und Beratungsgespräche erfolgsorientiert führen und dabei vertiefte Kenntnisse aus einem Warenbereich mit mindestens zwei Warengruppen anwenden
	b) Kunden über qualitäts- und preisbestimmende sowie über nachhaltigkeitsbezogene Merkmale und über Verwendungsmöglichkeiten der Artikel und Sorten informieren
	c) Unterschiede zwischen Herstellermarken und Handelsmarken im Verkaufs- und Beratungsgespräch herausstellen
	d) die Bedeutung von Qualitäts- und Gütesiegeln im Verkaufs- und Beratungsgespräch herausstellen
	e) Trends und aktuelle Entwicklungen beobachten und als Verkaufsargumente nutzen
	f) Kaufmotive und Wünsche von Kunden durch Beobachten, aktives Zuhören und Fragen ermitteln und diese in Verkaufs- und Beratungsgesprächen berücksichtigen
	g) Kundentypologien und Verhaltensmuster unterscheiden und das Wissen darüber verkaufsfördernd in individuellen Verkaufs- und Beratungsgesprächen einsetzen
	h) Konfliktursachen feststellen, emotional geprägte Situationen sowie Stresssituationen im Verkauf bewältigen und Handlungsstrategien für den Umgang mit schwierigen Kunden anwenden
	i) Sonderfälle beim Verkauf bearbeiten und dabei rechtliche und betriebliche Vorschriften anwenden
	j) die Bedeutung einer erfolgreichen Verkaufstätigkeit hinsichtlich Umsatz, Ertrag, Kundenzufriedenheit und Kundenbindung erläutern und dabei besonders das Erfordernis von Teamarbeit berücksichtigen
	k) Umtausch, Beschwerde und Reklamation bearbeiten, dabei kundenorientiert handeln und die rechtlichen und betrieblichen Vorgaben einhalten

Bearbeitungshinweise
In dieser Aufgabenstellung sind etliche Teilaufgaben verborgen, die dann zu der geforderten umfassenden Analyse führen müssen. Folgende Gliederung bietet sich an:

1 Vorab kann auf das grundsätzliche kunden- und serviceorientierte Verhalten und Auftreten des Verkäufers eingegangen werden.

2 Stellen Sie die Phasen des Verkaufsgesprächs bei einem Geschenkkauf dar und schildern Sie zu jeder Phase die wesentlichen Aspekte. Insbesondere die Bedarfsanalyse stellt eine Schlüsselphase dar. Untermauern Sie Ihre fachliche Sicht stets mit Beispielen in wörtlicher Rede.

3 Im Rahmen der Bedarfsanalyse und bei der Verkaufsargumentation sollten die Warenkenntnisse eingebaut werden. Hierbei ist insbeson-

re auf Unterschiede zwischen Eau de Cologne, Eau de Toilette und Parfum einzugehen. Auch können hier grundsätzliche Verwendungshinweise sowie passende Ergänzungsalternativen genannt werden.

4 In der Umtauschsituation soll zunächst die rechtliche Situation erläutert werden, d. h., welche Rechte der Kunde laut Gesetz hat. Anschließend soll eine sinnvolle, kundenbindende, betriebliche Lösung vorgestellt werden. Hierbei kann die Lösung, wie sie im Ausbildungsbetrieb praktiziert wird, geschildert werden. Darüber hinaus können weitere Lösungsmöglichkeiten genannt werden.

Ausführungen zu 1

Beziehen Sie die gegebene Situation auf Ihren Ausbildungsbetrieb. Deshalb sollten Sie zunächst die Betriebs- und Verkaufsform Ihres Ausbildungsbetriebes erläutern, denn davon hängt Ihre Kundenbegrüßung und Ansprache ab. Sie sollten unbedingt den Kunden freundlich begrüßen und die Kontaktaufnahme schildern (Vollbedienung: W-Fragen, Teilbedienung: Ansprache über die Ware bzw. frühzeitiger Blickkontakt mit dem Kunden und direkte Ansprache des Kunden auch über W-Fragen aufgrund der „Weihnachtssituation"). Gehen Sie dabei auf Ihre offene Körperhaltung ein und Ihre freundliche Mimik.

Bemerkenswert an dieser Situation ist weiterhin, dass es sich um eine Verkaufssituation bei Hochbetrieb handelt. Schildern Sie kurz organisatorische und persönliche Vorbereitungen, wie Sie dieser Situation begegnen (Regale auffüllen, Verpackungsmaterial zurechtlegen, informieren über Preise und Angebote, genügend Personal einteilen, ausreichend Wechselgeld, Öffnung mehrerer Kassen usw.). Geben Sie auch Hinweise, wie Sie sich bei Hochbetrieb verhalten (ruhig bleiben, nicht-verkaufsrelevante Tätigkeiten verschieben, Reihenfolge der Kunden beachten, neue Kunden begrüßen, wartende Kunden mit Ware beschäftigen).

Ausführungen zu 2

Die Reihenfolge der Phasen des Verkaufsgesprächs kann von dieser Reihenfolge im tatsächlichen Verkaufsgespräch abweichen bzw. sich überschneiden.

- Phase 1, Begrüßung und Kontaktaufnahme: erfolgt in Abhängigkeit der Verkaufsform (siehe oben).

- Phase 2, Bedarfsermittlung: Da es sich hier um einen Geschenkkauf handelt, müssen Sie den Bedarf sowohl des Beschenkten als auch des Schenkenden ermitteln. Den Bedarf des Beschenkten ermitteln Sie am besten direkt mit W-Fragen, den Bedarf des Schenkers am besten durch indirekte Bedarfsermittlung, z. B., ob er das Bedürfnis nach Ansehen hat und somit nur Markenartikel in Frage kommen.

Um einen passenden Duft anzubieten, ist es ratsam, nach Eigenschaften und Hobbys der zu Beschenkenden zu fragen („Ist sie ein sportlicher Typ?"). Auch sollte geklärt werden, ob sie einen bestimmten Duft bevorzugt oder ob Allergien bekannt sind. Strittig ist häufig, ob der Verkäufer nach einer preislichen Obergrenze fragen soll. Hier weicht die Theorie häufig von der Praxis ab. In der Theorie wird empfohlen, diese für den Kunden häufig unangenehme Frage zu vermeiden. In vielen Unternehmen ist es aber üblich, dass danach gefragt wird. Hier bietet es sich an, dass Sie eine eigene begründete Meinung vortragen, die das Für und Wider abwägt.

- Phase 3, Warenvorlage: Hier gelten die allgemeinen Regeln der Warenvorlage:
  - je eher desto besser
  - max. drei Artikel vorlegen
  - Produkt der mittleren Preislage
  - Ware so vorlegen, dass der Produktwert im besten Licht gezeigt wird
  - nicht erwünschte Waren weglegen
  - möglichst viele Sinne des Kunden ansprechen

  Hier muss bei der Vorstellung der Düfte darauf geachtet werden, dass der Kunde die Düfte nicht direkt auf der Haut ausprobiert (sondern auf Teststreifen).

- Phase 4, Verkaufsargumente: Hier sollten Sie ihre Produktkenntnisse besonders einfließen lassen. Beachten Sie das Drei-Schritt-Verfahren bei der Formulierung des Kundennutzens: Warenmerkmal – Warenvorteil – Kundennutzen

- Phase 5, Kundeneinwand behandeln: Nennen Sie einen möglichen Kundeneinwand, den Sie mit einer passenden Methode entkräften (z. B. Ja-aber-Methode).

- Phase 6, Preisnennung: Nennen Sie den Preis, indem Sie eine passende Methode anwenden (z. B. Sandwich-Methode).

- Phase 7, Kaufentscheidung: Gerade bei einem Geschenkkauf ist der Kunde häufig unsicher. Nennen Sie Kaufsignale, anhand derer Sie das Kaufinteresse des Kunden ablesen können. Wenden Sie eine Abschlusstechnik an, mit der Sie das Verkaufsgespräch erfolgreich abschließen können. Bieten Sie dem Kunden Möglichkeiten an, die ihm den Entschluss erleichtern, wie Umtauschmöglichkeit oder alternativ einen Geschenkgutschein.

Wahlqualifikation   Beratung von Kunden

- Phase 8, <u>Bekräftigung der Kaufentscheidung</u>: Formulieren Sie eine Bekräftigung der Kaufentscheidung gegenüber dem Kunden.
- Phase 9, <u>Ergänzungsangebote</u>: Nennen Sie passende Ergänzungsangebote, die zu den von Ihnen ausgewählten Düften passen.
- Phase 10, <u>Serviceleistungen</u>: Bieten Sie dem Kunden passende Serviceleistungen Ihres Ausbildungsbetriebes an (z. B. Geschenkverpackung, Umtausch).
- Phase 11, <u>Verabschiedung</u>: Verabschieden Sie den Kunden passend zu Jahreszeit, Tageszeit und/oder Anlass und danken Sie ihm für den Kauf der Ware.

Ausführungen zu 3

Unterscheiden Sie grundsätzlich <u>Eau de Cologne, Eau de Toilette und Parfum</u> voneinander und stellen Sie den unterschiedlichen Kundennutzen dieser Produkte dar. Gehen Sie auf grundsätzliche Duftrichtungen ein und verdeutlichen Sie, dass Düfte <u>individuell auf der Haut riechen</u>. Nennen sie grundsätzliche <u>Duftrichtungen</u> und benennen Sie die <u>Bestandteile/Zusammensetzungen</u> von Düften. Ggf. können Sie bestimmte Inhaltsstoffe nennen, die häufiger Allergien auslösen. Zeigen Sie auf, dass Düfte Trends unterliegen. Geben Sie Hinweise, wo die Düfte auf der Haut aufgetragen werden sollen. Um verschiedene Düfte nacheinander riechen zu können, kann mit dem Schnuppern an Kaffeebohnen die Nase wieder neutralisiert werden.

Ausführungen zu 4

- Bei der Umtauschsituation sollten Sie zunächst die Kunden beruhigen und <u>Verständnis</u> für die Situation der Kundin zeigen. Schließlich ist der Heiligabend nicht so gelaufen wie geplant. Anschließend klären Sie den Sachverhalt und machen einen Lösungsvorschlag. Wenn ersichtlich ist, dass es zu einer Lösung kommt, <u>entschuldigen</u> Sie sich bei den Kunden. Erledigen Sie anschließend alles Weitere sofort.
- In diesem Fall liegt <u>kein Mangel</u> vor, sodass <u>keine Gewährleistungsrechte</u> in Anspruch genommen werden können. Auch wenn die Mutter Hautausschlag von dem Duft bekommen hat, liegt das an der Empfindlichkeit der Mutter und nicht am Duft, es sei denn, der Lieferant hat bereits Hinweise gegeben, dass der Artikel aus dem Verkehr gezogen werden soll. Davon ist hier aber nicht auszugehen. Hier liegt eine individuelle Hautunverträglichkeit vor, die nicht als Mangel anzuerkennen ist. Folglich hat die Kundin keinen rechtlichen Anspruch aufgrund der Gewährleistung.
- Jetzt sind die <u>individuellen Vereinbarungen bei Abschluss</u> des Kaufvertrages zu betrachten bzw. die Allgemeinen Geschäftsbedingungen. Wird dem Kunden ein Umtauschrecht bei Nichtgefallen zugestanden, dann hat der Kunde ein <u>Umtauschrecht</u>, das er in Anspruch nehmen kann. Hier muss nun noch geklärt werden, ob sich dieses Umtauschrecht auch auf geöffnete Verpackungen bezieht. Wurde dem Kunden kein Umtauschrecht zugestanden, dann liegt ein <u>Kulanzfall</u> vor; d. h. rechtlich besteht kein Anspruch, aber der Einzelhändler kann aus Kulanz mit dem <u>Ziel der Kundenbindung</u> die Ware zurücknehmen.
- Als <u>kundenbindende Lösung</u> sollten Sie den Duft zurücknehmen, vorausgesetzt, es wurde wirklich nur ein Testsprüher von der Kundin aufgetragen. Hier gilt es nun zu entscheiden, ob Bargeld erstattet werden soll oder ob der Duft gegen andere Ware umgetauscht werden soll. Im Interesse des Unternehmens sollten Sie einen <u>Warengutschein</u> anbieten, damit der Umsatz weiterhin im Haus bleibt. Allerdings wäre es angesichts der Hautreaktion der Kundin logisch, wenn diese zunächst einmal beim Hautarzt ihre Unverträglichkeit abklären lassen möchte. Aber auch in diesem Fall ist ein Warengutschein vertretbar.

Wahlqualifikation 3: Kassensystemdaten und Kundenservice (S. 110)

Auszug aus dem Ausbildungsrahmenplan für die Berufsausbildung zum Verkäufer und zur Verkäuferin, Abschnitt B: berufsprofilgebende Fertigkeiten, Kenntnisse und Fähigkeiten in den Wahlqualifikationen nach § 4, Absatz 3, Satz 1, Nummer 3	
Kassensystemdaten und Kundenservice	**a)** Kunden an der Kasse situationsgerecht ansprechen
	b) Kunden beim Kassiervorgang Serviceleistungen anbieten
	c) Kassiervorgänge systemgerecht durchführen und dabei die Bedeutung der Kasse für die Steuerung des Daten- und Warenflusses berücksichtigen
	d) Kassenberichte, insbesondere im Hinblick auf Artikel, Zahlungsmittel, Personaleinsatz und verkaufsfördernde Maßnahmen, auswerten
	e) Umtausch, Beschwerde und Reklamation bearbeiten, dabei kundenorientiert handeln und die rechtlichen und betrieblichen Vorgaben einhalten
	f) auf der Grundlage der Kassenabrechnung den Geldtransport vorbereiten und die Verfügbarkeit von Wechselgeld sicherstellen
	g) bei Störungen des Kassensystems Maßnahmen zur Datensicherung und zur Wiederherstellung der Funktionsfähigkeit einleiten

Bearbeitungshinweise

Nicht nur bei dieser Aufgabenstellung ist es beim Fallbezogenen Fachgespräch wichtig, möglichst nah an dem zu erzählen, was Sie in Ihrem Unternehmen in einem solchen Fall machen, wie Sie es machen und warum Sie es machen. Sie haben sicherlich schon beim ersten Lesen des Sachverhalts an die einzelnen Bestandteile der Aufgabe Nummern vergeben, z. B.:

1. Vorbereitungen, bevor ich mich auf den Weg zu meinem Kassenplatz mache.
2. Was muss ich machen, wenn ich an meiner Kasse ankomme?
3. Wie begrüße ich einen Stammkunden?
4. a) Was weiß ich über Dispersionsfarben und deren Preisunterschiede?
   b) Welche Ergänzungsartikel kann/sollte ich ihm anbieten?
5. Kann ich Herrn Schmitz auf seine Maleraufgaben ansprechen?
6. Welche Regeln gibt es für das Kassieren nicht ausgezeichneter Artikel?
7. Welche beiden Zahlungsweisen sind mit der EC-Karte möglich, welche gibt es in meinem Unternehmen, wie wickele ich das ab?
8. Wie verabschiede ich mich von einem Kunden, sodass er mein Unternehmen und mich in positiver Erinnerung behält?
9. Wie schließe ich meine Kassentätigkeit ab?

Ausführungen zu 1

Natürlich freue ich mich auf meine Kassentätigkeit, weil ich hier auf jeden Fall Kundenkontakt habe. Unter Umständen ist es das einzige Mal, dass der Kunde mit Personal meines Unternehmens in Berührung kommt. Deshalb achte ich darauf, dass ich gepflegt aussehe. Ich informiere mich vorab über Besonderheiten im Kassenbetrieb (Falschgeldhinweise, Überfallhinweise, Betrugshinweise usw.). Ich informiere mich über neue Sonderangebote oder gar neue Sortimentsbereiche. Selbstverständlich gehe ich vor Beginn der Kassentätigkeit zur Toilette, damit ich die Kasse nicht sofort wieder schließen muss. Dann nehme ich meine Kassenschublade, überprüfe den Inhalt auf Richtigkeit (ggf. auch erst wenn ich sie eingesetzt habe, weil es vorher nicht geht), sorge dafür, dass ich einen Kugelschreiber dabei habe und gehe dann zu meinem Kassenplatz.

Ausführungen zu 2

Dort überprüfe ich, dass der Kassenplatz in Ordnung ist, Verpackungsmaterial und/oder Tüten in ausreichender Zahl bereit liegen, ggf. Quittungsformulare, Geschenkgutscheine usw. ausreichend vorhanden sind. Wenn ich die Kassenschublade eingesetzt habe, melde ich mich mit meiner Identnummer an. Damit beginnt dann in der Auswertung meine Kassenzeit z. B. mit Kassierzeiten, Kundenzahlen, Kassenöffnungen, Stornobuchungen. Für die Zeit bis zur Kassenschließung bin ich für die Gelder verantwortlich, aber auch dafür, dass die Kunden einen positiven Eindruck vom Geschäft bekommen.

Insofern werde ich nicht mit Kollegen plaudern, wenn Kunden auf die Kassenzone zukommen.

Ausführungen zu 3 und 5

Da ich den Stammkunden Herrn Schmitz mit Namen kenne, werde ich Ihn mit einem <u>fröhlichen „Guten Morgen, Herr Schmitz!"</u> begrüßen. Dadurch zeige ich ihm, dass ich mich freue, mit ihm zu tun zu haben. Wenn ich ihn ganz besonders gut kenne, werde ich noch anfügen: „<u>Nanu, heute haben Sie ja gar keine Sanitärartikel für Ihr Handwerk geholt!</u>" Dann hat er die Möglichkeit, mir zu erzählen, dass er für seine Tochter die 90 m² streichen muss. So habe ich auch an der Kasse die Gelegenheit, ein Verkaufsgespräch zu führen.

Ausführungen zu 4

Für Wände und Decken sind Dispersionsfarben die meistens verwendeten Farben. Der Name Dispersion sagt aus, dass die <u>bindenden und farbgebenden Bestandteile in fester Verteilung</u> (eben dispergiert) sind, ohne dass sie sich zu sehr absetzen können oder das Mischungsverhältnis sich verändert. Wenn nach dem Auftragen das Wasser verdunstet, bleibt die <u>Farbe als trockene Beschichtung</u> zurück. Wichtige Qualitätsmerkmale der Farbe und damit auch preisbestimmende Merkmale sind <u>Deckkraft</u> (aufgrund der Pigmentmenge), <u>Geruchsfreiheit</u>, <u>Lösemittelfreiheit</u> sowie <u>Strapazierfähigkeit</u> und evtl. sogar die Möglichkeit der <u>Reinigung</u> des Farbauftrags. Diese Faktoren beeinflussen auch die Streichfähigkeit der Dispersion.

<u>Cremige Dispersionen</u> sind dabei tropfgehemmter als flüssiger eingestellte. Die so genannte feste Farbe hat eine puddingartige Konsistenz, dadurch tropft sie zwar fast gar nicht, deckt aber möglicherweise die Struktur einer Raufasertapete zu. Die Deckkraft der Dispersionsfarben wird nach <u>DIN EN 1330 in fünf Klassen</u> eingeteilt, wobei 4 und 5 die geringste Deckkraft haben. Wenn Pigmente durch Wasser ersetzt werden, wird eine Farbe natürlich auch billiger.

Ein wichtiges Verkaufsargument ist heutzutage der <u>Blaue Engel für „Emissionsarmut"</u>, d. h., dass diese Farbe nicht über eine bestimmte Menge hinaus Dämpfe und Gerüche ausscheidet (emittiert).

Herr Schmitz hat eine gute Wahl getroffen, da er ein etwas teureres Markenprodukt mit guter Deckkraft gewählt hat. Das kann ich ihm auch mitteilen, indem ich sage: „<u>Da haben Sie eine gute Wahl getroffen, diese Farbe hat die meiste Deckkraft und trocknet schnell an.</u>" Allerdings muss ich ihm auch gleich sagen: „<u>Für die 90 m² empfehle ich Ihnen aber 15 Liter. Mit 10 Litern wird es doch etwas knapp. Wenn Sie einen 10-Liter-Eimer und zwei 5-Liter-Eimer nehmen, haben Sie auf jeden Fall genug. An dem 10-Liter Eimer sparen Sie sogar 3 € und den einen 5-Liter-Eimer nehmen Sie nur als Reserve mit. Wenn sie ihn ungeöffnet innerhalb von zwei Wochen zurückbringen, erhalten Sie dafür Ihr Geld zurück.</u>" Ich denke, Herr Schmitz wird sich darauf einlassen. Er ist froh, dass er auf jeden Fall zu Ende streichen kann, ohne Farbe nachkaufen zu müssen. Er wird vielleicht sagen: „Das ist ein guter Tipp. Haben Sie noch mehr auf Lager?" Dann kann ich ihn fragen, ob er noch genug <u>Abdeckvlies für den Boden und Abklebematerial für Türen und Fenster</u> hat.

Ausführungen zu 6

Da die Kasse im <u>Warenwirtschaftssystem (WWS)</u> eingebunden ist, werden durch das Scannen der Artikel nicht nur Preise und Bezeichnungen für den Bon abgerufen, sondern auch z. B. die <u>Lagerdatei fortgeschrieben</u>. Gebe ich also einen Artikel ohne Nummer ein, kann die Datei nicht fortgeschrieben werden. Das kann zu erheblichen Mängeln führen, z. B. dass zu spät nachbestellt wird. Glücklicherweise gibt es in meinem Unternehmen an jedem Kassenplatz Ordner mit den entsprechenden Artikeln und den dazugehörigen Artikelnummern. Ich werde also die <u>Artikelnummer aus diesem Ordner einscannen</u> und so dafür sorgen, dass es im WWS keine Fehler gibt. Außerdem mache ich mir, wenn Herr Schmitz abkassiert ist, eine <u>Notiz, damit dieser Fehler behoben werden kann</u>.

Ausführungen zu 7

Mit der Debitkarte kann in unserem Unternehmen per SEPA-Lastschriftverfahren gezahlt werden. Das heißt, dass nach Einlesen der Debitkarte nicht nur der Kassenbon ausgedruckt wird, sondern auch eine Einzugsermächtigung für das verzeichnete Konto. Der Kunde unterschreibt diesen zusätzlichen Beleg und erteilt so die Erlaubnis, den fälligen Betrag von seinem Konto abzubuchen. Ich muss auf jeden Fall die <u>Unterschrift auf der Debitkarte mit der Unterschrift auf dem Beleg vergleichen</u>, um relativ sicherzustellen, dass der tatsächliche Karteneigentümer die Unterschrift geleistet hat. Da ich Herrn Schmitz kenne, ist das kein Problem.

Ausführungen zu 8

Ich werde Herrn Schmitz sagen: „<u>Vielen Dank für Ihren Einkauf, Herr Schmitz! Bedenken Sie bitte, dass Sie den Eimer, den Sie als Reserve mitgenommen haben, dann irgendwann in den nächsten zwei Wochen vorbeibringen. Ich bin sicher, dass Ihnen Ihr Anstrich gut gelingen wird!</u>" Mit dem Dank verdeutliche ich ihm, dass wir es nicht für selbstverständlich halten, dass er bei uns kauft. Die nochmalige Nennung seines Namens zeigt ihm meine Wertschätzung. Meine Erinnerung soll verhindern, dass es bei zu später Rückgabe zu Problemen kommt. Mein letzter Satz zeigt ihm, dass ich ihn nicht nur als Menschen, sondern auch als Handwerker schätze. Er wird wiederkommen.

Ausführungen zu 9
Zum Schluss meiner Kassentätigkeit werde ich mich, wenn kein Kunde mehr an meiner Kasse steht, bei der Kasse abmelden, sodass meine Kassierzeit damit beendet wird. Dann entnehme ich die Kassenschublade, um sie in das Kassenbüro zu bringen und dort austragen zu lassen. Vorher habe ich aber meinen Kassenplatz noch aufgeräumt, damit der nachfolgende Kollege nicht gleich anfangen muss, aufzuräumen.

Wahlqualifikation 4: Werbung und Verkaufsförderung (S. 111)

Auszug aus dem Ausbildungsrahmenplan für die Berufsausbildung zum Verkäufer und zur Verkäuferin, Abschnitt B: berufsprofilgebende Fertigkeiten, Kenntnisse und Fähigkeiten in den Wahlqualifikationen nach §4, Absatz 3, Satz 1, Nummer 4	
Werbung und Verkaufsförderung	**a)** Zusammenhänge zwischen Werbemitteln und Werbeträgern beurteilen
	b) Werbekosten und Werbeerfolg beurteilen
	c) Werbemittel und Werbeträger ziel- und kostenorientiert auswählen und einsetzen
	d) Auswirkungen preispolitischer Maßnahmen bewerten sowie Verbesserungsvorschläge ableiten
	e) Maßnahmen der visuellen Verkaufsförderung umsetzen und Kundenerwartungen berücksichtigen
	f) bei der Warenpräsentation die unterschiedlichen Sinne ansprechen und verkaufspsychologische Aspekte berücksichtigen
	g) Maßnahmen des Kundenservices zur Förderung des Verkaufserfolges nutzen
	h) Aktionen zur Förderung der Kundenbindung planen, umsetzen und auswerten
	i) Werbeerfolgskontrollen durchführen und Verbesserungsvorschläge ableiten

Bearbeitungshinweise
1 Nennen Sie Beispiele für verkaufsschwache Verkaufsraumzonen.
2 Erläutern Sie die verschiedenen Regalzonen
 a) allgemein,
 b) anhand eines Beispiels!
3 Erläutern Sie Maßnahmen, mit denen Sie verkaufsschwache Verkaufsraumzonen aufwerten können!
4 Notieren Sie weitere Serviceleistungen, die Sie für Ihre Abteilung anbieten können!
5 Mit welchen Maßnahmen können Sie die Kunden auf diese Serviceleistung aufmerksam machen? Formulieren Sie eine Serviceleistung in einem Verkaufsargument!
6 Beurteilen und begründen Sie, ob die zwei Werbeanzeigen rechtlich zulässig sind.
7 Hier haben Sie die Möglichkeit, auf die verschiedenen Stoffarten mit ihren Vorteilen bei Herrenbadehosen einzugehen.

Ausführungen zu 1
Diese Begriffe sollen genannt werden:
- in Laufrichtung links
- Mittelzonen
- hinterer Teil des Verkaufsraums
- Kreuzungen der Nebengänge
- Eingangs- und Ausgangsbereich
- obere und untere Etage in Kauf- und Warenhäusern
- Bereiche hinter der Kasse

Ausführungen zu 2
a Regalzonen:
- Sichtzone: Blick eines Kunden zunächst auf die Sichthöhe, größte Verkaufswirksamkeit
- Greifzone: zweitbeste Regalebene, verkaufsstarke Zone
- Reckzone: relativ verkaufsschwach

- Bückzone: liegt nicht direkt im Sichtfeld, für den Kunden unbequem bei der Warenentnahme, verkaufsschwächste Zone

b Beispiele:
- Sichtzone: teuerste Waren, egal welche Marke; Höhe 1,20 m bis 1,60 m
- Greifzone: mittleres Preisniveau, Markenware; Höhe von 0,80 m bis 1,20 m
- Reckzone: preiswerte Ware, die leicht ist (z. B. Portionspackungen); Höhe über 1,60 m
- Bückzone: Hausmarken, No-Name-Produkte, Niedrigpreiswaren, schwere Gebinde, 5-kg-Eimer; Höhe von 0 bis 0,80 m

Ausführungen zu 3
- Eingangszonen: In Eingangszonen sollten Waren platziert werden, die den Kundenlauf verlangsamen, um zu vermeiden, dass sich Kunden zu schnell durch den Laden bewegen, denn: je länger ein Kunde im Laden verweilt, desto mehr kauft er!
- Hinterer Verkaufsraum: Hier sollten Magnetabteilungen oder Bedientheken (Beratungszonen) eingerichtet werden.
- Obere/untere Etage in Kauf- und Warenhäusern: Aktionsplatzierungen können diese Zonen aufwerten.
- Mittelzonen/Eckzonen: Hier sollten Such-, Aktions- und Magnetartikel platziert werden.

Ausführungen zu 4
Beispiele für Serviceleistungen allgemein:

auf die Ware bezogen	auf die Information bezogen	auf den Transport bezogen	auf den Kunden bezogen	auf die Zahlung bezogen
• Änderungsservice (Schneiderei im Textilbereich) • Aufstellen bzw. Montage von Möbeln • Installation/Reparatur • Geschenkverpackung • Versand	• Beratung, Kundeninformation • kostenlose Kataloge • telefonische Bestellannahme • Internetseite	• Anlieferung der Ware • Abholung und Entsorgung von Altgeräten	• Kinderbetreuung • Wasserspender • Restaurant/Cafeteria • kostenlose Parkmöglichkeiten • Wickelraum • Sitzecke in den Umkleidekabinen	• Kreditgewährung/Ratenzahlung • Kreditkartenzahlung • Kundenkreditkartenzahlung • Zahlung auf Rechnung

Ausführungen zu 5
Die Serviceleistungen kann der Verkäufer während des Beratungsgesprächs als zusätzliches Verkaufsargument anbringen, z. B. so: „Unsere Änderungsschneiderei kann in Ihr Bikinioberteil zusätzlich noch Taschen einnähen, für herausnehmbare Push-Up-Einlagen Ihres Bikini-Tops." Oder: „Für unseren Änderungsservice ist das Kürzen der Hosenbeine Ihres Anzugs überhaupt kein Problem. Schauen Sie doch mal in unserem Café vorbei und trinken Sie auf unsere Kosten ein Getränk Ihrer Wahl. In dieser Zeit erledigen wir das für Sie."

Ausführungen zu 6
1. Anzeige:
Koppelung von Kauf und Gewinnspiel ist unzulässig laut UWG
2. Anzeige:
ist zulässig; verstößt nicht gegen das UWG

Ausführungen zu 7
Herrenbadehosen bestehen meist aus hochwertiger Mikrofaser. Der Vorteil dieses Stoffes besteht darin, dass er sehr schnell abtrocknen kann und ein angenehmes Tragegefühl erzeugt. Das Mikrofasergewebe ist sehr weich und formbeständig. In Bekleidung aus Mikrofaser findet sich immer ein Etikett mit einem Hinweis auf Mikrofaser, z. B. „100 % Mikrofaser".
Warenzeichen verschiedener Hersteller:
- Polyester: Trevira Finesse, Diolen
- Nylon: Timbrelle, Supplex Microfiber, Tactel

Die Badehosen werden durch ein Gummiband mit Schnürung gehalten, sodass sie nicht rutschen können. Herrenbadehosen werden angeboten als Badehose, Pants und Shorts, die es in verschiedenen Längen gibt.